링컨의 위기돌파 전략
이기는 커뮤니케이션

데이빗 어코드 지음 | 김정남·김욱영 옮김

이상

링컨의 위기돌파 전략
이기는 커뮤니케이션

2009년 5월 20일 초판 1쇄 인쇄 | 2009년 6월 10일 초판 1쇄 발행

지은이	데이빗 어코드
펴낸이	이상규
편집인	김훈태
마케팅	이선숙, 강옥례, 조계숙, 이창숙, 김수정
관리	조종환, 김순호, 손희영, 전영민
디자인	솜씨
펴낸곳	이상미디어
등록번호	209-90-85645
등록일자	2008.09.30

서울시 성북구 정릉동 667-1 4층
대표전화 02-913-8888 **팩스** 02-913-7711
E-mail leesangbooks@gmail.com

ISBN 978-89-961680-6-5
이 책의 저작권은 저자에게 있으며, 무단 전재나 복제는
법으로 금지되어 있습니다. 저작권이 있는 도판 등이 확인될 때는
별도의 비용을 지불하겠습니다.

머리말

링컨의 편지는
아직 끝나지 않았다

미국의 16대 대통령 에이브러햄 링컨은 결코 잘 생긴 외모가 아니었다. 부드럽고 듣기 좋은 목소리나 대중을 단번에 사로잡는 매력적인 인품을 가진 것도 아니었다. 사실 그는 우리가 현대 정치인에게 기대하는 보편적 자질과는 오히려 거리가 멀었다. 밝고 하얀 치아, 행복한 아내를 둔 안정된 가정 역시 그와는 별개였다. 역사학자들은 링컨이 현대에 살았더라면 대통령은 말할 것도 없고 시의회 의원에 뽑히기도 힘들었을 거라고 종종 이야기한다. 그러나 그는 미국 역사상 가장 성공한 정치인 중 한 사람이며 그를 단순히 '정치인'이라고 표현하는 것은 마이클 조던을 '농구선수'라고만 설명하는 오류를 범하는 것과 같다. 링컨은 남북전쟁이라는 잔혹한 상황에서 미국을 하나로 단결시키고 마침내 끔찍한 노예제도를 종결시킴으로써 자신을 정치인으로만 국한하지 않았고 자신이 살던 시대마저 초월했다. 1865년 암살자의 총에 의해 죽음을 맞이했을 때, 그는 이미 전 세계 수많은 사람들에게 영감을 주었으며 그 이후로 링컨이라는 이름 자체는 자유와 동일어로 간주되며 영원한 생명을 얻었다.

여러 세대를 거쳐 링컨은 신화적인 존재로 자리해왔고 그의 얼굴은 1센트 동전과 5달러 지폐를 장식하고 있으며 그의 기념비는 워싱턴 D.C.의 하늘에 우뚝 서 있다. 그러나 역설적이게도 그에 대한 전설적인 이야기로 인해 그의 구체적인 업적과 기록은 묻히게 되었고, 우리는 그의 일상적인 삶에 대해 살펴보기를 멈추어버렸다. 바로 이것이 나의 문제의식의 출발점이었고 이 책의 기획배경이 되었다. 우리는 19세기 당시의 링컨이 오늘날의 우리들과 마찬가지로 같은 위험과 도전에 직면한 사람이었다는 사실을 잊곤 한다. 그는 부유한 가정이 아니라 가난한 가정에서 태어났으며 그의 부모는 교육을 거의 받지 못했다. 그가 1860년에 쓴 자서전적 글에서 자신의 아버지 토머스를 '말 그대로 교육을 받지 못하고 자란' 분으로 묘사했다. 링컨의 아버지는 자신의 이름을 서투르게 서명할 때를 제외하고 글을 쓰는 일이 거의 없이 살았다.

링컨은 학교에서 정규교육을 거의 받지 못했고 주로 혼자 공부했으며 글쓰기와 수사법의 기본을 배우기 위해 겨우 책을 빌려봤을 뿐이다. 앞서 말한 자서전적 글에서 링컨은 "내가 학교를 다닌 기간의 전부를 다 합쳐도 일 년이 채 되지 않을 것"이라고 밝혔다. 그는 결코 학생의 신분으로 대학에 다닌 적이 없다. 변호사 자격증을 따기 전까지는 대학의 강의실에 들어가본 적도 없었지만 혹 배움의 기회를 갖기라도 하면 모든 것을 완벽히 이해하기 위해 노력했다. 아버지로부터 독립한 23살부터는 완벽하지는 않았지만 훌륭하게 말하고 쓰기 위해 영어 문법을 공부했다. 또 연방의회의 의원이 된 이후에도 유클리드 기하학 여섯 권을 거의 통달하기도 했다. 그는 자신의 부족함을 늘 안타까워했고, 그 부족함을 채우기 위해 할 수 있는 모든 일에 혼신의 힘을 다했다.

성인이 되고 나서 링컨은 경제적·정치적으로 끊임없는 어려움에 처했고 심한 스트레스와 우울증과 싸워야 했다. 링컨은 정치에 발을 들여놓기 전부터 롤러코스터보다 더 부침이 심한 인생을 살고 있었다. 오하이오 강에서 뱃사공으로 일했고 숱한 이웃들의 농장노동자, 우체국 직원, 측량기사, 심지어 상점의 점원으로도 일했다. 23살에는 윌리암 베리라는 동업자와 함께 잡화상을 시작하기도 했지만 그 사업은 실패했고 결국 빚더미에 앉고 말았다.

그러나 이것은 시작에 불과했다. 정치인으로서 이력이 하나 둘 쌓여갈 때마다 링컨은 항상 격렬한 전투 못지않은 위기에 처했다. 라이벌 정치인들은 물론이고 자신의 부하직원마저 그의 아이디어와 의사결정에 대해 반대의견을 내놓기 일쑤였고 그에 대한 악의적 소문이 일상적으로 퍼지곤 했다. 게다가 문제가 많은 친척들과 골칫덩어리인 친구들을 상대해야 했다. 그들은 위기에 처했을 때마다 링컨에게 손을 뻗었고 전적으로 의지했다. 링컨은 오랫동안 자신의 큰 야망을 위해 매진했지만 자신의 직업적 목표와 친구, 남편 그리고 아버지로서의 역할 사이에서 균형을 맞추는 일에도 고군분투해야 했다.

링컨은 그 일들을 훌륭히 해냈다. 마침내 승리했고 그의 친구와 동료들에게 오히려 자신에 대한 충성심을 불러일으켰다. 그 고난을 뚫고 그들의 강한 충성심을 얻을 수 있었기 때문에 우리는 링컨을 역사상 가장 위대한 인물 중 한 사람으로 꼽는 데 주저하지 않는다.

그는 어떻게 그런 일들을 할 수 있었을까?

이 질문의 답을 얻으려면 링컨의 정치철학, 종교적 신념 및 성격을 분석하기 위해 수많은 책으로 서재를 가득 채워야 한다고 생각할 것이다. 물론 한 사람을 위대하게 만드는 데는 수많은 요소가 필요하므로 우리는 섣불리 결론을 내릴 수는 없다. 링컨의 장단점이 충분히 분석되고 분류된 이후에도 우리는 여전히 그 전설적 인물과 평범한 우리를 구별 짓는 특정 요소가 무엇인지를 알아낼 수 없을지도 모른다.

그래서 이 책이 링컨의 성격이 이렇고 저렇고 정신분석학적으로 어떤 의미가 있다는 둥의 설명을 늘어놓는 데 그치는 것을 바라진 않는다. 이 책을 쓴 이유는 링컨에 대한 궁금증에 훌륭한 답변을 추가하는 것이라든가 링컨을 무턱대고 미화하기 위함이 아니다. 그것보다는 훨씬 실용적이며 구체적이다. 링컨의 삶을 통해 우리가 어떻게 더 나은 삶을 살 수 있는지, 직장에서 그리고 개인적인 삶의 영역에서도 어떻게 성공할 수 있는지에 대한 도움을 얻기 위해서이다.

미국의 16대 대통령은 사려 깊고 결단력 있는 리더인 동시에 무엇보다도 커뮤니케이션의 대가였다. 만약 링컨이 정치를 통해 어떻게 존경 받는 인물이 될 수 있었는지 이해하길 원한다면 그리고 왜 수많은 사람들이 그를 신뢰했는지 알고 싶다면 그의 편지들을 살펴보라. 거기서 영어라는 언어와 편지라는 형식뿐만 아니라 자신의 감정에 완전한 통제력을 가진 한 사람을 발견하게 될 것이다. 빌린 책을 열심히 읽으면서 그 길고 많은 시간을 보내는 동안(조지 워싱턴의 전기는 물론이고 영어 문법에 관한 책들, 셰익스피어 작품들, 『천로역정』 및 『로빈슨 크루소』와 같은 고전에 이르기까지) 링컨은 작품 속에 숨겨진 의미와 암호를 해독하는 데 공을 들였다. 그는 거칠고 혼란스러운 미국 정치 한가운데서 성공하려면 핵심 신념을 만들어내는 것만큼이나 핵심 신념을 표현하는 데 관심을 가져야 한다고 생각했던 것이다. 그리고 그는 실천에 옮겼다.

링컨이 자신의 생각과 계획을 서면으로 작성하거나 대중에게 알리는 과정에 그의 성공요인 중 많은 것들이 담겨 있다. 탁월한 작가적 자질(간단명료함, 복잡한 상황을 이해하기 쉬운 언어로 표현하기)이나 자신에 대한 상대방의 감정적인 인신공격을 피하는 지혜는 모두 합쳐 9권의 분량에 이르는 그의 연설문이나 편지 어디서나 발견할 수 있다. 심지어 링컨의 저서들을 대충이라도 읽어본 독자들이라면 그가 편한 친구에게 쓴 편지마저도 마치 남북전쟁 전투지의 군사령관들에게 보낸 편지처럼 심혈을 기울여 썼던 것을 알 수 있다.

그러나 기억에 남을 몇 개의 연설과 인용문을 제외하고, 링컨이 남긴 글은 지금까지 거의 잊혀져 왔다. 이 책은 링컨의 훌륭한 글을 다시 조명해보고자 하며, 사람들에게 링컨이 남북전쟁과 게티즈버그 연설만으로 설명될 수 없는 사람이었다는 점을 상기시키려고 한다. 대부분의 대통령들이 자신의 발자취를 글로 남기곤 하지만 링컨은 단순히 그 행적의 기록을 넘어 내면의 삶에 대한 통찰력을 제공한다는 점에서 토머스 제퍼슨(미국 3, 4대 대통령)의 글에 견줄 만하다.

이 책의 가장 중요한 목적은 이메일을 쓰고, 수백 명의 사람 앞에서 연설을 하며, 가장 친한 친구에게 전화로 이야기할 때 더 나은 글을 쓰고 더 나은 커뮤니케이터communicator가 되고자 하는 모든 사람에게 실질적인 매뉴얼이 되는 것이다. 링컨의 훌륭한 편지와 핵심적인 연설문을 살펴봄으로써 우리가 일상적으로 저지르는 실수를 피하고 다음과 같은 지혜의 양식을 얻을 수 있다.

- 화를 내지 않으면서 감정적인 문제에 대해 차분하게 논의하기
- 자신이 생각하는 바를 효과적이고 논리적인 방식으로 말하기
- 다른 사람의 감정을 상하지 않게 하면서 솔직하게 말하고 쓰기
- 다른 논점으로 인해 핵심과 요점에서 벗어나지 않기
- 자신의 관점을 차분하고 신속하게 설명하기(100 단어 이상으로 표현되는 말을 25 단어 내에서 말하기)

- 길고 두서없는 서론을 피하면서 신속하게 본론으로 들어가기
- 위압적이지 않은 자세로 친구나 친지에게 조언하기

이 책에서 배운 바는 거의 모든 상황에 적용할 수 있다. 중요한 프로젝트에서 돕기를 거절하는 동료를 설득하든, 마케팅 기획안으로 고객의 마음을 움직이려 하든, 매우 개인적인 문제에 대해 가장 친한 친구나 배우자에게 조언하거나 부탁을 하든 에이브러햄 링컨의 글은 한 세기가 지난 지금에도 매우 훌륭한 본보기이며 유용한 매뉴얼임이 분명하다.

CONTENTS

17 …… **CHAPTER 01**
링컨은 루머에 냉철하게 대처했다

27 …… **CHAPTER 02**
링컨은 논쟁 후 분위기를 반전시켰다

32 …… **CHAPTER 03**
링컨은 창조적 대안을 제시하며 질책했다

40 …… **CHAPTER 04**
링컨은 감정에 치우침 없이 조언했다

47 …… **CHAPTER 05**
링컨은 어려운 문제 앞에서 망설이지 않았다

56 …… **CHAPTER 06**
링컨은 즉각 반응하지 않고 냉철하게 대응했다

74 …… **CHAPTER 07**
링컨은 다른 사람의 슬픔을 희망으로 바꾸었다

90 …… **CHAPTER 08**
링컨은 객관적 사실과 논리에 의존했다

CHAPTER 09
104 ······ 링컨은 적과의 공통점을 찾았다

CHAPTER 10
113 ······ 링컨은 막연한 충고보다 실질적인 조언을 했다

CHAPTER 11
123 ······ 링컨은 질책과 칭찬의 쓰임을 알고 있었다

CHAPTER 12
145 ······ 링컨은 부하들에게 기꺼이 기회를 주었다

CHAPTER 13
150 ······ 링컨은 실수를 인정하고 부하를 돋보이게 했다

CHAPTER 14
154 ······ 링컨은 부하의 오만함에 효과적으로 대처했다

CHAPTER 15
169 ······ 링컨은 위로와 격려의 힘을 믿었다

CHAPTER 16
175 ······ 링컨은 커뮤니케이션의 목적과 목표에 충실했다

***독자에게 알림**

이 책에는 에이브러햄 링컨의 많은 편지들이 인용되었습니다.

어떤 경우에는 더 쉽게 이해할 수 있도록 단락을 나누어 소개하였습니다.

편집된 내용은 괄호나 생략부호로 표시하였습니다.

01

링컨은

루머에 냉철하게 대처했다

당신과 관련된 악의적 정보를 퍼뜨리겠다고 위협하는 사람이 있다면 당신은 어떻게 대응하겠는가? 링컨은 겨우 27살이던 1836년, 일리노이주 주의회 의원 재선에 도전하면서 이와 같은 딜레마에 빠졌다. 그의 라이벌이었던 로버트 알렌 Robert Allen 대령은 유권자들에게 자신이 링컨의 치명적 스캔들을 알고 있다고 했다. 그러나 자신의 양심상 그 내용에 대해서는 아무에게도 발설하지 않기로 결심했다고 말하고 다녔다. 이는 링컨의 명성에 먹칠을 하는 아주 비열한 방법이었다. 링컨이 법적이든 도덕적이든 어떤 잘못을 저질렀지만 알렌 자신은 그런 스캔들을 애써 드러내기에 너무 고상한 사람이라는 메시지를 효과적으로 전달했던 것이다.

그와 같은 상황에서 일반 사람들이라면 화를 내고 감정을 주체하지 못했겠지만 링컨은 품위를 지키면서도 간단명료하게 그리고 무엇보다 힘 있게 대응했다.

친애하는 대령님,

지난 주 제가 없는 동안 대령님이 이곳을 지나다가 공개적으로 에드워즈 N. W. Edwards와 저를 이번 선거에서 떨어뜨릴 수 있는 한 가지 또는 그 이상의 불편한 사실들을 알고 있음을 밝혔다고 들었습니다. 그러나 대령님의 깊은 인내와 호의로써 그것들을 누설하지 않겠다고 했다지요. 사실 지금 저는 그 누구보다도 저를 아는 모든 사람들의 호의가 절실히 필요합니다. 저뿐만 아니라 호의를 기꺼이 받아들이지 않을 사람은 아마 없을 것입니다. 하지만 이번 경우 대령님께서 제게 베풀어주신 호의가 유권자들에게는 곧 권리의 침해를 의미하지 않을까요? 그래서 다시 한 번 생각해주시기를 부탁드립니다. 저는 일찍이 상가몬Sangamon 주민들의 신뢰를 얻고 있습니다. 그런데 만약 제가 계획적이든 실수로든 어떤 잘못을 저질러서 그 일이 알려지고 신뢰를 잃어버릴 상황이라면, 그리고 그것을 알고 있는 어떤 사람이 그 사실을 숨기고 있다면 그것은 모두 국가의 이익에 반하는 일이라고 생각합니다.

저는 대령님이 말하는 바가 진실 혹은 오해이거나 추측인지 아니면 악의적인 거짓인지 짐작조차 전혀 할 수 없습니다. 그러나 평소 대령님의 정직함을 고려할 때, 적어도 대령님이 언급하신 사실을 스스로 그렇다고 믿고 있다고 생각합니다. 저는 대령님이 제게 보여주신 개인적 존중과 호의에 깊이 감사하고 있습니다. 하지만 좀 더 심사숙고한 결과, 대령님이 저 한 사람보다는 유권자의 이익을 더 중요한 것으로 고려해주시길 희망합니다. 따라서 제게 있어 최악의 상황일 수도 있는 그 일을 결심해주시기 바랍니다. 저는 대령님의 솔직한 발언이 저의 명예를 아무리 실추시킨다 해도 우리 사이의 개인적 신뢰는 끊지 못할 것이라 확신합니다. 이에 대한 대령님의 답변을 기다리며 원하신다면 제 편지와 대령님의 답신을 공개하셔도 좋습니다.

– 로버트 알렌 대령에게 보낸 편지(1836년 6월 21일)

이 편지는 간단히 말해 다른 사람의 패를 공개적으로 드러냄으로써 그것이 전혀 공격의 빌미가 될 수 없음을 밝히는 것이다. 오히려 링컨은 "알렌, 와서 도전해봐. 나의 명성을 더럽히고 싶어? 해봐. 당신은 나를 두렵게 할 수 없어"라고 완곡하지만 단호히 말하고 있는 것이다.

이렇게 짧은 편지가 왜 효과적인지 살펴보자. 그리고 위협과 적대적인 행동에 효과적으로, 더 나아가 우아하게 대처하는 방법에 대해서도 고민해보자.

링컨은 항상 냉정함을 잃지 않았다

그는 이런 상황에서도 상대방에 대한 비난과 공격으로 대응하지 않았다. 알렌은 당면한 선거에서 링컨의 평판뿐만 아니라 링컨의 정치 인생마저 송두리째 무너뜨리려고 시도했던 사람이었다. 그러나 링컨은 통찰력이 있었다. 알렌이 실질적으로 자신에게 피해를 줄 수 있는 정보를 가지고 있는지와 상관없이 자신이 감정적으로 흥분하여 반응한다면 상대의 술수에 넘어간 것이라는 사실을 알았다. 설령 링컨이 부적절한 행동에서 완전무결하다고 할지라도 알렌은 악의와 분노로 가득한 그의 답장을 들고 마치 링컨이 무엇인가를 숨긴다는 점을 또다시 공격했을 것이다. 즉 '링컨이 결백하다면 왜 이렇게 화를 내겠는가' 하면서 말이다. 또는 링컨이 자제심을 잃고 발끈한다면 정치인으로서 더 큰 문제에 직면했을 때 어떤 행동을 보일지 뻔하다며 중요한 선출직에 적합한 성격이 아니라고 몰아붙였을지도 모른다.

그러나 링컨은 현명한 길을 선택했다. 그는 적에게 공격할 빌미를 제공하지 않았다. 적이 노리는 것은 사실의 진위여부보다 그것에 대응하는 태도일수도 있다. 만약 어리석고 비겁한 자가 당신을 위협한다면 냉정하지 못한 대응으로 당신을 상대방과 마찬가지로 어리석은 자로 만들지 않도록 하라.

링컨은 복잡한 상황과 자신을 분리시켰다

링컨은 알렌의 행동에 조금의 노여움이나 실망감을 드러내지 않았다. 대신 그로 하여금 일리노이주 사람들의 유익을 위해 자신의 명예를 손상시킬 수 있는 사실을 공개하도록 독려함으로써 관계를 역전시켰다. 그는 복잡한 상황과 자신을 완전히 분리시켰고 더 이상 링컨 대 알렌의 갈등이 아니라 알렌 스스로 어려운 결정을 내려야 하는 상황으로 내몰았다. 그는 자신의 상대에게 다음과 같이 말했다. "생각해봐, 사람들은 주의회 의원으로 뽑으려고 하는 사람이 어떤 사람인지 알아야 할 권리가 있어. 당신이 무언가를 알고 있다면 그들에게 알려줘. 그것이 바로 국민의 한 사람으로서 당신의 의무야." 알렌은 자신의 발언으로 인한 링컨의 두려움이나 분노를 기대했을지도 모른다. 심지어 만나서 협상하자는 요청을 기대했을 수도 있다. 그러나 그 대신에 링컨은 품위 있게 상대방에게 해볼 테면 해보라고 응전했다.

그러나 이 부분에서 중요한 논점 하나가 교묘하게 가려져 있다. 알렌은 링컨의 약점을 진짜 알고 있었을까? 그것은 알 수 없다. 링컨의 젊은 시절에 대한 역사적 기록은 많지 않다.

누구도 완벽하지 않으며 아마도 젊은 시절에 링컨은 평생 비밀로 간직하고 싶은 실수들을 저질렀을지도 모른다. 논쟁의 여지를 두기 위해 링컨이 아무도 모르게 감추고 싶은 비밀이 있었다고 하자. 링컨은 알렌이 이러한 비밀을 무조건 공개할 것이라고 확신할 수 있었을까? 그렇지 않다. 링컨이 숨기고 싶은 사실을 가지고 있었다 하더라도 알렌은 이것을 공개할 수도 그렇지 않을 수도 있었다. 그러니 무조건 공개할 것이라고 단정내리고 섣불리 행동해서는 안 된다. 그러나 만약 링컨이 감출 비밀이 없었다고 하더라도 문제는 크게 달라지지 않는다. 자신이 숨길 것이 아무것도 없다는 사실을 어떻게 증명할 수 있었겠는가? 결국 알렌이 사실을 말하든 말하지 않든 그것은 중요하지 않았다. 문제는 오로지 링컨 자신이 이 상황에 어떻게 반응하느냐 하는 것뿐이다.

링컨은 자신이 통제 가능한 것에 초점을 맞추었다

당신이 억울한 고소나 악의적인 소문의 대상이 되었을 때, 또는 누군가가 당신을 아무짝에도 쓸모없는 쓰레기로 평가할 때, 당신은 그들의 선택에 아무런 영향력을 미치지 못한다. 당신에 대한 험담을 그들 스스로 그만두도록 강요할 수 없다. 링컨은 이 점을 알고 있었다. 그래서 그는 자신이 통제할 수 있는 한 가지에만 초점을 두었다. 그것은 바로 자기 자신이 '상황에 어떻게 대처하는가'였다. 그는 알렌의 악의적이고 비겁한 행동에 똑같이 비열한 독설로 가득한 편지를 발송할 수도 있었다. 하지만 그것은 바로 알렌의 술수에 넘어가는 것이고 상황을 훨씬 더 복잡하고 불리하게 만들어 대중에 더욱 노출되고 부정적인 평가를 초래했을 것이다.

그러나 링컨은 자신의 행동을 알렌의 행동과 차별화했다. 알렌이 야비하게 행동했다면 링컨은 정중하게 행동했다. 알렌이 악의적인 의도를 가지고 있었다면 링컨은 공손한 태도를 잃지 않았다. 그는 자신의 편지를 마치 어머니가 읽을 편지인 것처럼 무한한 존경과 애정을 담아 썼다. 당신이 분노에 가득 찬 이메일을 누군가에게 보내고 싶은 충동이 있을 때 당신도 이런 태도를 잃지 않는다면 분명히 효과가 있을 것이다.

링컨은 상대방의 심리를 역이용했다
링컨은 알렌에게 듣기 좋은 칭찬을 하면서 추켜세웠고 아마 알렌은 이로 인해 다소 어리둥절했을 것이다. 알렌이 의도한 대로 화를 내고 격렬하게 덤벼드는 대신 링컨은 자신의 공격자에게 진지하고 냉정하게 반응했다. 그는 심지어 알렌이 링컨에 대해 안다고 생각하는 것을 대중에게 공개한다고 해도 알렌을 자신의 친구로 여기겠다고 확인시키면서 알렌의 심리를 역이용했다. 바이올린 소리가 배경음악으로 깔릴 법한 링컨의 우아함이 느껴지지 않는가? 하지만 이렇게 상냥하고 겸손한 어조 아래에는 바위처럼 굳건한 결의가 있었다. 행간 사이에 링컨은 알렌에게 다음과 같이 말하고 있다. "나는 당신이 원하는 것처럼 행동하지 않을 것입니다. 당신을 비난함으로써 당신과 같은 수준으로 추락하지 않을 것입니다. 당신은 나를 결코 위협할 수 없습니다."

냉정하게 반응함으로써 두려움이나 악의의 흔적 없이 링컨은 자신의 강건함을 증명했다. 편지의 마지막 문장 또한 주의 깊게 읽어보라. "이에 대한 당신의 답변을 기다리며 원하신다면 제 편지와 대령님의 답신을 공개하셔도 좋습니다." 다른 말로 하면 이쯤 되지 않을까. "알렌, 나는 당신이 어떤 말을 하든 두렵지 않습니다. 당신이 이 편지를 모든 사람에게 공개하기를 원한다면 그렇게 하십시오. 저는 아무래도 상관없으니까요."

사족이지만 여러분이 궁금할까봐 덧붙인다면 알렌은 이 편지에 답장을 보내지 않았고 그가 링컨의 명예를 실추시키는 내용을 공개했다는 기록은 어디에도 없으며 더 이상 그런 권모술수도 쓰지 않았다. 그리고 링컨은 재선에 성공했다.

02 링컨은

논쟁 후
분위기를 반전시켰다

자신이 좋아하지 않는 사람과 논쟁을 해보지 않은 사람이 있을까? 1840년 가을, 서른 살이던 링컨은 주의회 의원 자리를 두고 자신과 경쟁하던 앤더슨$^{W.\,G.\,Anderson}$ 박사와 치열한 논쟁을 해야 하는 상황에 처했었다. 선거 유세 도중에 두 사람은 대중 앞에서 공개적으로 열띤 논쟁을 벌인 것이다. 며칠 뒤 앤더슨은 다음과 같은 짧은 편지를 링컨에게 보냈다.

친애하는 의원님,

지난 수요일 첫 만남에서 우리 사이에는 커뮤니케이션의 어려움이 있었고 이에 대해 알려드리는 것이 저의 의무라고 생각합니다. 그 당시 의원님은 지나치게 공격적이었다고 생각합니다. 그것을 의도했든 안 했든 의원님의 표현에는 모욕적인 내용이 포함되어 있었고 의원님은 계속 그런 방식으로 말했습니다. 따라서 이 점에 대해서 저에게 답변해주시길 바랍니다. 만일 의원님이 저를 공격할 의도가 있었다면 그 문제에 대한 현재 감정과 의원님이 취하고 있는 입장을 그대로 고수할 것인지도 말씀해주시기 바랍니다.

기본적으로 앤더슨은 링컨에게 다음과 같이 말하고 있다. "당신이 먼저 지나치게 감정적으로 논쟁을 시작했습니다. 그리고 나를 모욕했지요. 그렇기 때문에 지금 당신에게 해명할 기회를 주는 것입니다." 이 서신은 오만하지만 짐짓 겸손한 체하는 어조로 쓰여 있다.

이에 대해 링컨은 어떻게 반응했을까? 그러나 그가 어떤 내용을 답장에 썼는지는 중요하지 않다. 오히려 그가 무엇을 편지에 쓰지 않았는지가 중요하다. 링컨의 짧은 답변은 냉정함을 잃지 않는 서신의 교본이라 해도 손색이 없다.

친애하는 박사님께

어제 박사님의 편지를 잘 받았습니다. 박사님이 말씀하신 서로간의 어려움에 대해 박사님은 제가 지나치게 공격만 일삼는다고 말씀하셨습니다. 저는 그렇게 생각하지 않습니다. 박사님은 '제 표현에 모욕적인 내용이 포함되어 있었다'고 말씀하셨지만, 저는 박사님의 발언에 대해 적절히 대응했을 뿐입니다. 이러한 맥락에서 저는 지금 박사님이 그 점을 이해해주시길 바랍니다. 박사님은 지금 '그 문제에 대한 제 감정'을 물어보셨는데, 저는 박사님에 대한 어떤 나쁜 감정도 가지고 있지 않습니다. 그 문제에 대해 어떠한 불쾌한 감정도 없으며 그런 논쟁에 휘말린 제 자신에 대해 후회할 뿐입니다.

— W. G. 앤더슨 박사에게 보낸 편지(1840년 10월 31일)

처음 읽어보면 이 편지는 매우 부드럽고 특이한 점이 없는 답변으로 보인다. 그러나 그게 바로 이 편지의 교훈이다.

링컨은 상대방을 비방하여 갈등을 심화하지 않았다
대신 그는 신속하고 침착하게 앤더슨의 편지에 대응함으로써 타오르는 불길에 찬 물을 끼얹었다. 모욕적인 언어도 비방도 없었다. 어떻게 링컨이 앤더슨의 주요 논쟁점들을 논리적으로 그리고 매우 냉정하게 대처했는지 살펴보자. "제가 공격적이었다고요? 동의할 수 없습니다. 제가 당신을 모욕했다고 생각하신다고요? 저는 당신이 말한 것에 대해 적절히 대응했을 뿐입니다." 그리고 나서 링컨은 이렇게 편지를 마무리했다. "잘 보세요. 저는 당신한테 화나지 않았습니다. 단지 그 모든 일이 일어나서 유감일 뿐입니다. 이상입니다. 끝."

링컨은 위선적인 노력을 멀리했다
링컨의 반응은 효과적이면서도 또한 다소 냉정했다. 애당초 링컨과 앤더슨 사이에 손상될 만한 애정이 없었다고 이야기할 수 있다. 그러나 그것이 그렇게 나쁘기만 한 일인가? 두 사람은 친구가 아니라 정치적으로 라이벌이었을 뿐이다. 만약 링컨이 따뜻하게 반응했다면 위선적이고 말만 번지르르한 전형적인 정치인으로 몰렸을지도 모른다. 링컨은 자신이 앤더슨에게 별 호감이 없음을 숨기지 않으면서도 강조할 필요가 없다고 생각했다. 즉, 있지도 않은 상대방의 매력을 억지로 만들어 칭찬하는 위선적인 노력을 선택하지 않았다.

링컨은 항상 자신의 발언이 공개될 것을 염두에 뒀다

정적과 의사소통할 때는 심지어 그것이 개인적인 편지거나 이메일이라 하더라도 세상사람 모두가 그것을 볼 수 있다는 전제 아래 써야 한다. 왜냐하면 만약 당신이 실수를 하고 부적절한 내용을 쓴다면 상대방이 그것을 공개할 수도 있기 때문이다. 링컨도 이 점을 알고 있었다. 그렇기 때문에 답변을 짧고 부드럽게 쓴 것이다. 다시 읽어보라. 그 편지에서 예절에 어긋난 부분을 찾아볼 수 있는가? 또한 그의 재선출 선거에 부정적으로 작용할 만한 내용이 있는가? 하나도 없다. 간단하지만 프로의 방식으로 답장을 보냄으로써 불필요한 스캔들을 피할 수 있었다. 동시에 앤더슨이야말로 논쟁을 억지로 만들어내고 사과를 요구하는 다소 어리석고 신경이 예민한 철부지로 만들어버렸다.

03 링컨은

창조적 대안을 제시하며 질책했다

살다보면 불편하고 난감한 상황에 직면하곤 하는데, 친척이 돈을 빌려달라고 요청할 때도 그 중 하나이다. 링컨은 1851년 그의 의붓동생 존스톤으로부터 또 다시 돈을 빌려달라는 요청을 받는다. 두 사람은 어린 시절 작은 통나무 오두막집에서 함께 자랐지만 완전히 다른 기질을 가지고 성장했다. 역사학자인 찰스 워싱턴 무어즈 Charles Washington Moores는 존스톤에 대해

"노력하지 않고도 더 나은 사회적 지위를 얻을 수 있다는 환상을 가졌으며 침착성과 책임감이 부족하고 낭비를 일삼는 전형적인 이주민이었다"고 표현했다.

이런 부탁을 해결해주는 것은 원자폭탄을 해체하는 것보다 조금 더 복잡한 일이다. 그러나 링컨의 타고난 지혜와 문장력은 여기서도 다시 한 번 빛났다. 그는 다음과 같이 답장을 보냈다.

사랑하는 존스톤,

80달러를 달라는 너의 요청을 들어주는 것이 최선이라고 생각하지 않는다. 내가 너를 몇 번 도와준 후에 너는 항상 "지금은 무척 잘 지내고 있어"라고 말했지. 하지만 얼마 지나지 않아 나는 네가 다시 똑같은 어려움에 처한 것을 목격했다. 이제 나는 너의 행동에 어떤 결함이 있다는 것을 알게 되었다. 무슨 결함인지 이제는 알 것 같구나. 너는 게으르지는 않지만 여전히 일을 안 한다는 것이 문제라고 생각한다. 내가 너를 만난 이후로 네가 하루라도 온

종일 열심히 일한 적이 있는지 의심스럽구나. 너는 일하는 것을 무턱대고 싫어하지는 않지만 최선을 다하지도 않는 것 같다. 열심히 일한다고 해서 많은 돈을 한꺼번에 버는 것은 아니라고 생각하는 게 너의 문제가 아닐까? 그렇게 시간을 낭비하는 습관이 바로 네가 직면한 어려움의 원인이라고 생각한다. 네가 이런 습관을 버려야 한다는 사실은 너에게도 매우 중요하지만 무엇보다 너의 자녀들에게 더욱 절실한 것이다. 왜냐하면 너의 자녀들은 아직도 살 날이 많이 남아 있고, 너와 같은 습관이 몸에 배기 전에 어릴 때 바른 가치관을 심어줘야 하기 때문이란다.

네가 지금 돈이 필요하다면, 나가서 너에게 돈을 주는 사람을 위해 전력을 다해 일하는 것이 옳다. 집안일은 다른 식구들에게 맡기고 너는 가장 많은 임금을 주는 곳 또는 너의 빚을 갚을 수 있는 곳에 가서 일을 하도록 해라. 나는 오늘부터 5월 1일 사이에 네가 노동을 해서 번 1달러마다 너에게 1달러를 보태줄 것을 약속한다. 이렇게 하면, 네가 한 달에 10달러를 벌 경우 내가 10달러를 더 주게 되고 너는 한 달에 20달러를 벌게 된다. 너에게 세인트루이스나 캘리포니아의 어느 광산으로 가라고 말하는 것이 아니다. 지금 살고 있는 집에서 가깝고 가장 나은 임금을 주는 곳을 찾아가라는 말이다.

네가 만약 이렇게 한다면 너는 곧 빚을 털어버릴 수 있을 것이다. 더 좋은 일은 빚지는 습관에서 벗어나는 것이 아닐까? 그러나 만약 내가 너의 빚을 대신 갚아준다면 내년에는 더 심각한 상태가 될 수도 있다. 70~80달러를 주면 너는 너의 영혼마저 내주겠다고 말했지. 하지만 너는 영혼의 가치를 너무 낮게 책정했다. 왜냐하면 내가 제안한 대로 하면 너는 4개월 또는 5개월 동안 70~80달러는 쉽게 벌 수 있기 때문이야. 너는 내가 돈을 빌려준다면 땅문서를 내게 넘기고 만약 네가 그 돈을 갚지 못하면 소유권을 양도하겠다고 했지만 그건 말도 안 된다. 지금 그 땅을 가지고도 살 수 없는 네가 그 땅이 없으면 어떻게 살겠다는 말인지 모르겠구나. 너는 항상 나에게 친절하게 대해주었다. 그리고 지금 나는 너에게 무정하게 대하려는 게 아니란다. 반대로 네가 내 충고를 따르기만 한다면 그것은 너에게 80달러의 수십 배 이상 가치가 있음을 곧 알게 될 것이다.

- 존 D. 존스톤에게 쓴 편지(1851년 1월 2일)

우리는 여기서 무슨 교훈을 얻을 수 있을까? 비슷한 상황에서 당신이라면 어떻게 효과적으로 대응했을까?

링컨은 문제의 핵심에 집중했다

링컨은 상투적으로 "아내와 아이들은 잘 지내나? 고향의 날씨는 어때?"와 같이 빙빙 돌려서 말하거나 의례적인 말을 하지 않았다. 만약 링컨이 이런 식으로 편지를 시작했다면 이것은 그가 동생의 요청 때문에 기분이 언짢거나 더 심하게는 결단력이 없는 것처럼 비쳤을 것이다. 링컨은 시간과 잉크만을 낭비하는 그런 사소한 일에 대해 언급하는 것에 관심이 없었다. 존이 그 당시로는 매우 큰돈이었던 80달러를 요청하자 링컨은 솔직한 문장으로 이 문제의 핵심을 짚어내고 거절했다. 그는 매우 단호하게 그 상황을 통제하고 있음을 보여준 것이다. 링컨의 강력한 첫마디는 실질적으로 존에게 "나는 이 문제에 있어 이미 결정을 내렸으니 논쟁할 생각을 하지마"라는 뜻을 전달하고 있다.

링컨은 자신의 감정을 통제했다

링컨의 동생이 돈을 요청한 것은 이번이 처음이 아니었다. 링컨은 이런 상황으로 인해 실망감을 느꼈음에 틀림없다. 그러나 그는 냉정함을 잃지 않고 편지에서 어떠한 비난도 하지 않았다(그는 아마도 그렇게 하고 싶었을 것이다). 링컨은 동생에게 질책을 퍼부을 수도 있었지만 그것은 어떤 문제도 해결할 수 없음을 알고 있었다. 게다가 그것은 문제를 더 악화시킬 뿐이었다. 링컨은 돈을 달라는 요청에 단순히 대응하는 것을 뛰어넘었다. 그는 장기적이고 궁극적인 가족의 행복과 평화를 지키기 위해 노력한 것이다.

링컨의 어조는 단호했지만 질책하지는 않았다

링컨은 동생의 요청을 신속하고 단호하게 거절했다. 그러나 일단 거절한 이상 그는 동생의 성격적 결함에 대해 긴 잔소리를 늘어놓지 않았다. 대신 그 상황을 솔직하고 있는 그대로 설명하면서 그 요청을 거절하는 이유를 침착하게 설명해간다. 여기서 중요한 점은 링컨이 사실을 말하면서 동생의 기분을 상하게 할 수도 있는 위험을 두려워하지 않고, 그가 할 수 있는 한 가장 빠르고 정직한 방식으로 접근했다는 것이다.

링컨은 쓴소리 뒤에 달콤한 제안을 했다

존이 기대하는 바와 거리가 먼 소식을 전한 후 링컨은 그의 논리를 설명하기 시작했다. "너는 게으르지는 않지만 여전히 일을 하고 있지 않다. 너를 만난 이후로 네가 하루라도 온종일 열심히 일한 적이 있는지 의심스럽다. 너는 일하는 것을 무턱대고 싫어하지는 않지만 최선을 다하지도 않는 것 같다. 열심히 일한다고 해서 많은 돈을 한꺼번에 버는 것은 아니라고 생각하는 게 너의 문제가 아닐까?" 하고 말하면서 표현의 수위를 조절했다. 즉 링컨은 존이 명확히 현실을 인식하도록 도왔고 노동의 참된 의미와 가능성을 깨닫게 해준 것이다. "봐, 너는 형편없는 사람이 아니야. 하지만 고쳐야 할 필요가 있는 문제를 가지고 있는 건 확실해."

그리고 링컨은 매우 뛰어난 전략을 취했다. 그는 문제의 초점을 자신과 동생으로부터 벗어나 조카들에게로 옮겼다. "네가 이런 습관을 버려야 한다는 사실은 너에게도 매우 중요하지만 너의 자녀들에게는 더욱 절실한 일이다. 왜냐하면 너의 자녀들은 아직도 살 날이 많이 남아 있고, 그런 습관이 몸에 배기 전에 어릴 때 바른 가치관을 심어줘야 해." 이 말은 곧 이렇게 해석할 수 있다. "이것은 인신공격이 아니야. 내가 너에게 어떻게 인생을 살아야 하는지 고리타분하게 풀어놓는 게 아니야. 궁극적으로 너의 자녀들에게 무엇을 남겨줄지에 대해 이야기하는 것이다."

링컨은 건설적인 대안을 제시했다

존의 요청을 단순히 거절하고 그대로 방치하는 대신에 링컨은 대안과 인센티브를 제안했다. 그는 존에게 단지 돈을 주는 것으로는 문제를 해결할 수 없다고 말했다. 그래서 존이 직업을 가지게 된다면 그가 빚을 다 갚을 때까지 돈을 버는 만큼 똑같은 액수의 돈을 주겠다고 제안했다. 이것은 관대함을 넘어 지혜로운 것이다. 그는 무조건 돈을 주지 않으려 한 것이 아니라 존의 미래를 위해 새로운 가능성의 문을 열어두었다.

존이 링컨에게 답장을 보냈다는 기록은 찾아볼 수 없다. 그래서 우리는 존이 어떤 결정을 내렸는지 알 수 없지만 다음 장으로 미루어 보건대 존이 계속해서 문제를 가지고 있었던 것은 확실하다. 그럼에도 불구하고 우리는 링컨의 단호하지만 사랑이 담긴 편지를 통해 가족들의 난감하고 불편한 요구에 어떻게 대처해야 하는지 배울 수 있다.

04 링컨은

감정에 치우침 없이 조언했다

가까운 친척들에게 무엇을 하며 어떻게 살아야 할지 충고하고 싶은 마음을 떨쳐버리기란 쉽지 않다. 대개는 이런 경험이 있고 링컨 또한 예외는 아니었다. 이것은 항상 미묘한 문제였고 특히 당사자가 성인이라면 더욱 민감해진다. 그렇다고 관심을 끊은 채 각자 자신의 길만 말없이 걸어가야 하는 것일까? 아니면 내가 가진 좀 더 나은 지식과 지혜를 나누어 그들에게 유익함을 전해주어야 할까?

이에 대답하기란 쉽지 않다. 그러나 당신이 친척에게 충고하기로 결심했다면 링컨의 접근 방식으로부터 많은 것을 얻을 수 있다(링컨이 이 편지를 쓴 것은 1851년 11월이었다. 링컨의 동생인 존이 돈을 빌려달라고 요청한 후 10개월이 지난 때였지만 그는 여전히 교훈을 얻지 못한 상태였다).

사랑하는 동생에게

얼마전 찰스톤Charleston에 갔을 때 나는 네가 살고 있는 땅을 팔고 미주리Missouri로 이사하려고 한다는 소식을 들었다. 그 이후로 오랫동안 생각해봤는데 너의 이런 계획이 매우 어리석다고 생각하지 않을 수 없구나. 네가 여기보다 미주리에서 더 잘 할 수 있는 게 무엇일까? 땅이 더 비옥할까? 그곳에서는 일하지 않고도 여기보다 더 많은 옥수수, 밀 그리고 귀리를 수확할 수 있을까? 너 대신 네 일을 해줄 누군가가 있을까? 네가 진정 일을 할 작정이라면 그곳이 지금 네가 살고 있는 바로 여기보다 더 낫다고 말할 수는 없을 것이다. 계획 없이 이곳저곳 옮겨 다니는 것은 아무런 유익이 없다. 너는 올해 그 어떤 씨앗도 뿌리지 않았고 당연히 수확도 없었다. 네가 진짜 원하는 것은 땅을 팔고 돈을 받아서 그것을 써버리는 것이 아니냐? 네가 지금 소유한 대지를 판다면 앞으로 결코 네가 묻힐 만한 땅 한 뼘조차 소유하지 못할 것이다. 네 땅의 절반은 미주리로 이사 가는 비용으로 사용될 것이고 나머지 절반은 잠시나마 생활비로 충당될 것이고 결국 땅 한 조각도 살 수 없게 될까봐 두렵구나.

이제 너의 그런 어리석은 선택에 관여하지 않는 것이 나의 의무라고 생각한다. 그리고 어머니가 살아계시는 동안은 어머니를 위해 동쪽지역 40에이커의 땅을 내가 가지고 있을 작정이다. 네가 만약 그 땅을 경작하지 않을 거라면 어머니를 봉양하기 위해, 아니 최소한 다른 유익을 위해 다른 사람에게 세를 받고 빌려줘야 하지 않겠느냐? 어머니가 유산으로 받은 나머지 두 군데의 40에이커 땅들은 어머니가 너에게 줄 수도 있을 것이다. 그렇다고 나한테 고마워할 일은 아닌 것 같구나.

이제 이 편지를 오해하지 마라. 나는 어떤 무정한 마음으로 이 글을 쓰는 것이 아니라 네가 현실을 직시할 수 있도록 돕기 위해서이다. 그 현실이란 시간을 헛되이 보냈기 때문에 어쩔 수 없이 네가 궁핍하다는 사실이다. 네가 지금보다 더 잘 살지 못하는 까닭에 대한 수천 가지 핑계는 모두 허튼소리다. 그것들은 바로 너 자신을 속이는 것임을 잊지 마라. 이 상황에서는 네가 열심히 일하는 것만이 너의 인생에 희망을 불러올 최선의 해결책임을 기억하기 바란다.

— 존 D. 존스톤에게 보낸 편지(1851년 11월 4일)

자, 링컨이 진심으로 생각하는 바를 살펴보자. 이 편지는 지금까지 우리가 살펴본 링컨의 편지 중 가장 격렬한 편지이다. 그가 동생에게 실망했다는 사실은 명백하다. 그리고 존과는 그러한 실망감을 직설적으로 표현하는 게 자연스러운 정도의 관계이다. 하지만 우리가 링컨의 다른 편지에서 본 바와 마찬가지로 링컨은 그의 감정이 이성을 내팽개치고 그 위에 군림하도록 허락하지는 않았다. 그는 동생에게 솔직하고 강하게 이야기하는 동안에도 화를 내지 않았다. 그는 상대방을 불쾌하게 만들지 않으면서도 자신의 기분이 상했음을 표시할 줄

안 것이다. 그것이 링컨의 화법에서 우리가 눈여겨봐야 할 차별점이다.

링컨은 감정이 아닌 사실과 논리에 집중했다

동생에게 한바탕 비난을 쏟아붓고 부정적인 반응을 강화시키는 대신에 링컨은 땅을 팔고 미주리로 이사를 가고자 하는 존의 생각에 대항하는 논리를 만들어내는 데 초점을 두었다. 그는 동생을 무작정 나무라고 감정을 상하게 하는 데 어떤 시간도 낭비하지 않았다. 편지의 서두를 다시 살펴보자.

- 첫 번째 문장 : 나는 네가 미주리로 이사하고자 한다는 소식을 들었다.
- 두 번째 문장 : 나는 그것이 어리석은 결정이라고 생각한다.
- 3~11번째 문장 : 그렇게 말하는 이유는 다음과 같다.

다시 한 번 우리는 링컨이 돌려 말하는 것을 피하고 있음을 볼 수 있다. 자신의 의견을 더 명확하게 만드는 두 개의 짧은 문장 이후에 곧장 그는 빗발치는 반론의 공세를 퍼부었다. 즉, 이사 이후 동생의 삶이 어떠하리라는 것을 깨우치고 있는 것이다. 다음 9개 문장에서 그는 명백한 근거를 내세워 동생이 미주리로 이사하는 것에 대해 반대하고 있다. 집중 포화 후에 그는 다음과 같이 요약했다. "이제 너의 그런 어리석은 선택에 관여하지 않는 것이 나의 의무라고 생각한다." 그는 논리적이고 종합적인 논점을 만들어 충분히 설명한 후 다소 가혹한 언어(어쨌거나 1851년 당시에는 가혹하다고 할 수 있는)를 사용하였다.

그는 긍정적인 문장으로 마무리했다

어머니의 자산에 대해 간단히 언급한 후에 링컨은 의도적으로 어조를 바꾸었고 다음과 같이 끝을 맺었다. "이제 이 편지를 오해하지 마라. 나는 어떤 무정한 마음으로 이 글을 쓰는 것이 아니다." 이것은 아마도 존에게는 반갑지 않은 위로였을 수도 있다. 하지만 링컨은 걱정해서 이 글을 쓰는 것이지 화가 나서 쓰는 게 아니라는 사실을 강조하고 싶었던 것이다. 그는 동생에게 약간의 거친 사랑을 표현했다. "네가 지금보다 더 잘 살지 못하는 까닭에 대한 수천 가지 핑계는 모두 헛튼소리다. 그것들은 바로 너 자신을 속이는 것임을 잊지 마라."

만약 여동생이 번듯한 직장을 그만두고 폭주족 남자친구와 함께 오리건^{Oregon}으로 이사를 간다고 하거나 남동생이 지난 주 술집에서 만난 스트리퍼 댄서에게 청혼한다면 당신은 자신의 의견을 강한 어조로 말하고 싶은 충동을 누르지 못할 것이다. 그때 링컨의 편지에서 본 침착함과 논리 정연함을 기억하라.

1 화를 내지 말 것

2 충고하는 대상을 업신여기거나 모욕하지 말 것

3 논점을 뒷받침하기 위해 감정이 아니라 사실과 논리에 집중할 것

4 단호하게 요점으로 빨리 들어갈 것

5 긍정적인 문장으로 끝맺을 것

05

링컨은

어려운 문제 앞에서 망설이지 않았다

때때로 당신은 세상 물정 모르는 바보처럼 보일 수도 있다는 사실을 아는가? 안타깝게도 그런 상황에 앞서 누군가 미리 말해주지는 않는다. 물론 부모라면 여전히 당신에게 옳고 그름의 차이를 가르치고, 대학교수는 '현실 세계'에서 만나게 될 위험 요소에 미리 대비하라고 조언하기도 한다. 또 직장에서 만난 상사라면 특정 분야에서 경력을 쌓아야 할 필요성과 그 요령을 알려줄지도 모른다. 살아가는 동안 누군가로부터 지속적인 충고를 받기는 하지만 성인이 된 이후 빠지게 될 가장 큰 함정에 대해선 아무도 알려주지 않는다. 옳은 일을 하고 양심에 따라 행동하는 것이 때로는 친구와 동료를 불편하게 만들 뿐 아니라 당신이 무정하고 이기적이며 비열하게 보일 수 있다는 것을.

에이브러햄 링컨은 그의 정치 경력에 있어서 여러 번 불편하고 난감한 상황에 처하곤 했다. 다음에 등장하는 이야기는 그가 어떻게 그런 고통스런 상황에 대처했는지 보여줄 것이다. 1849년 봄, 링컨의 정치 경력은 점점 풍성해지고 있었다. 링컨과 같은 휘그당(Whig Party, 미국에서 공화당 이전에 있던 보수정당. 1856년 휘그당이 사라진 이후 링컨은 공화당에 가입한다)이었던 재커리 테일러^{Zachary Taylor} 장군이 막 대통령으로 선출되었고 휘그당원들은 새로운 행정부에서 유리한 자리를 차지하기 위해 앞을 다투고 경쟁하느라 정신이 없었다. 가장 치열한 자리는 고위직인 총토지국^{General Land Office} 국장이었는데, 서부의 공공 토지 관리를 맡는 중요한 직위였다. 휘그당원이자 링컨의 친구인 저스틴 버터필드^{Justin Butterfield}가 그 자리의 가장 유력한 후보였다. 링컨은 버터필드에 대해 별다른 감정을 가지고 있지는 않았지만 링컨은 버터필드가 그 직책에 적합한 사람은 아니라고 생각했다. 그리고 바로 다른 후보자인 사이러스 에드워즈^{Cyrus Edwards}를 지지하기 시작했다. 이 시기에 링컨이 쓴 편지를 보면, 링컨은 버터필드가 그 직책을 맡을 만큼 휘그당을 위해 열심히 일하지 않았다고 느꼈다. 그리고 만약 그가 그 자리에 선출된다면 그것은 다른 젊은 휘그당원들의 사기를 심각하게 저하시키는 일이 될 것이라고 생각했다.

얼마 후 에드워즈가 그 자리를 맡을 가능성이 없다는 것이 확실해지자 부득이하게 링컨은 자신이 직접 선거에 입후보했다. 그렇다면 이 상황은 링컨에게 꽤 불리할 뿐 아니라 난감해질 수밖에 없었다. 버터필드가 후보로서 부적합하다고 판단한 것은 의심할 여지 없이 진심이었지만 다른 사람들은 링컨이 좋은 자리를 차지하기 위해 친구를 깎아내리는 것이라 생각할 수 있지 않겠는가? 당연히 링컨이 자신의 야망을 위해 그렇게 한 것인지에 대한 논쟁도 피하기 어렵다. 이 문제는 오랜 시간을 끌게 되었고, 링컨은 이 문제를 설득하기 위해 수도 없이 많은 편지를 휘그당 임원들에게 보냈다.

다음 편지의 첫 문장에서 볼 수 있듯이 링컨은 고립무원의 상황이었다. 그러나 링컨은 자신이 비록 이기적이란 비난을 받는다 할지라도 버터필드를 반대하는 것이 옳은 일이라고 믿었다.

장관님께

친구의 기대와 미래에 걸림돌이 된다는 것은 매우 어려운 문제입니다. 하지만 결과적으로 저는 아무런 주저 없이 지금 제가 직면하고 있는 문제에 대해 편지를 씁니다. 어젯밤 저는 워싱턴에서 여러 사람들로부터 일리노이주 시카고의 저스틴 버터필드가 총토지국 국장으로 선출될 것 같다고 알려주는 편지를 받았습니다. 장관님께서 취임한 직후 어느 일요일 저녁에 장관님을 방문해서 말씀드렸던 내용은 바로 이런 일을 피하고자 함이었습니다. 그 자리에서 저는 장관님의 권한으로 가능하다면 일리노이주의 어떤 사람도 고위직에 지명되어서는 안 된다고 간청하였습니다. 그리고 장관님께서는 저의 요청이 합리적이라고 생각한다고 친절하게 말씀해주셨습니다. 저의 친구 버터필드는 공직을 성실히 수행할 충분한 자격을 갖추었습니다. 여기까지는 별 문제가 없습니다.

하지만 이의가 있습니다. 1840년 우리는 일리노이주에서 격렬하고도 힘든 전투를 펼쳤고 그 싸움에 거의 1년이라는 시간을 보냈습니다. 우리는 결국 승리했고, 이에 대한 보상으로 버터필드를 포함하여 돈 한 푼 쓰지 않고 싸움에서 아무런 원조도 하지 않은 일단의 사람들도 임명을 받았습니다. 그가 임명된 직책은 지방검사$^{District\ Attorney}$였습니다. 타일러^{Tyler}가 탈당을 했고 버터필드는 우왕좌왕 하면서 포크^{Polk}가 선출될 때까지 그 직책을 유지했습니다. 또한 장관님과 제가 테일러^{Taylor} 장군이 지명되도록 거의 피를 흘리며 고군분투했던 지난 겨울과 봄에 이 사람은 우리의 생각을 비웃고 클레이^{Clay}를 지지했습니다.

제가 지금까지 알고 있는 사실에 의하면 테일러 장군이 지명될 때까지 버터필드는 시카고를 떠나 테일러의 선거를 도운 적이 없습니다. 그러나 그의 반대에도 불구하고 다른 사람의 노력으로 테일러 장군의 선출이 확실하게 되자, 그는 우리나라가 만들어놓은 가장 좋은 직책을 눈앞에 둔 첫 번째 사람이 되었습니다. 이런 일이 일어나도 될까요?

만약 자신들이 쏟은 노력의 대가가 이런 식으로 처리된다면 열정적인 우리 휘그당원들은 무기를 다 내던지고 더 이상 싸우지 않을 것입니다. 저는 버터필드가 어떠한 지위에라도 임명되기를 바라는 사람이 있다고 들어본 적이 없습니다. 물론 상부의 보이지 않는 힘이 그를 위해 움직이고 있는지 저는 알 수 없습니다. 장관님은 장관으로서 행정부를 성공적으로 만드는 사안에 특별한 관심을 갖고 계실 겁니다. 또한 외부의 영향으로 누군가를 임명함으로써 사람들을 실망시키는 것보다 더 위험한 일이 없음을 확신하실 겁니다.

제 편지의 절반 정도 되는 분량이더라도 답장을 써주실 시간을 내실 수 있는지요? 답장을 보내주신다면 저에게는 무한한 영광일 것입니다.

당신의 충직한 부하로부터

- 윌리엄 B. 프레스톤에게 보낸 편지(1849년 5월 16일)

링컨은 매우 정교한 문장으로 조심스레 편지를 쓰고 있다. 그는 자신이 개인적으로 버터필드를 공격하거나 모략하는 것처럼 보이지 않으면서 왜 버터필드가 총토지국 국장의 자리에 적합하지 않다고 생각하는지 그 이유를 설명해야 했다. 그의 전략적인 표현에 대해 살펴보자.

링컨은 자신의 감정에 솔직했다

첫 문장에서 링컨은 자신의 앞에 있는 문제가 매우 어렵다는 것을 인정했다. "친구의 기대와 미래에 걸림돌이 된다는 것은 매우 어려운 문제입니다." 그는 즉각 그 문제로 고민하고 난감해하고 있음을 피력했다. 그리고 서두에서 버터필드를 적이 아니라 친구로 규정했다.

그의 비판은 인신공격이 아니라 객관적 평가였다

버터필드에 대한 반대를 언급하면서도 링컨은 한 번도 비열하거나 인간적 모욕을 주는 표현을 하지 않았다. 대신에 진지하고 단호하게 왜 버터필드가 그 직책에 임명되면 안 되는지 이유를 나열했다. "그는 당을 위해 열심히 일하지 않았고 테일러의 지명을 지원하는 사람들의 생각을 비웃었다. 따라서 그에게 그 직책을 부여함으로써 보상한다는 것은 공정하지 않을 것이다." 그리고 링컨은 한 걸음 더 나아가서 만약 버터필드

같은 사람이 다른 사람들의 충성스러운 헌신에 대한 보상을 대신 받게 된다면 다른 당원들이 "무기를 내려놓고 더 이상 싸우지 않을 것"이라고 경고했다. 다른 말로 하면 링컨은 이를 자신의 개인적 감정 이상의 것으로 만들어 대다수 사람들의 사기와 직결된 문제로 확대시켰다. 그는 잘못된 움직임이 당 전체에 악재로 작용할 것이라고 주장했다. 이것은 링컨이 자신만을 생각한다는 비난을 사전에 차단할 수 있는 훌륭한 방법이었다. 그 부분을 다시 읽어보라. 버터필드에 대한 개인적 적의의 어떤 흔적이라도 발견할 수 있는가? 링컨은 분명 개인적인 좌절감을 표현했지만 절대로 그것이 다른 사람을 모략하는 방향으로 흘러가지 않도록 차단한 것이다.

링컨은 불편한 주제를 언급할 때 망설이지 않았다

상처에 붙인 반창고를 뗄 때 피부에 최소한의 고통을 주면서 제거하는 방법을 알고 있는가? 천천히 떼어내는 것보다 신속하게 분리하는 것이 덜 고통스럽다. 신속한 행동으로 반창고를 떼어내면 약간의 고통은 순간 있을지라도 조금씩 천천히 떼어내는 아픔과는 비교할 수 없을 것이다. 같은 원리가 편지에서 불편한 주제에 대해 언급할 때도 적용된다. 불편한 주제를 빨리 처리해버리는 것이 최선의 방법이다. 우리는 이미 링컨의 '요점으로 바로 들어가기' 전략을 알고 있다. 그러나 링컨이 얼마나 짧은 시간에 효과적으로 자신의 반대를 표명하고 있는지 보라. 거기에는 망설임도 사과도 없다. 링컨은 자신이 말해야만 하는 것을 말했고 그 이상의 오해나 확대해석의 오류를 경계했다. 단편소설을 쓰는 한 작가는 자신이 글을 쓰는 방식을 다음과 같이 간단하게 요약했다. "이야기를 한다. 벗어난다. 그리고 계속 쓴다." 심각하게 의견이 충돌하는 상황에서도 같은 지혜가 적용된다. 해야 할 말을 확신을 가지고 단호하게 말하라. 부정적인 감정에 빠지는 것을 경계하면서도 망설이지 마라.

이 편지와 관련된 일련의 상황은 어떻게 결론이 났을까? 링컨의 노력은 수포로 돌아갔고 버터필드가 결국 총토지국의 국장으로 임명되었다.

06 링컨은

즉각 반응하지 않고
냉철하게 대응했다

개인생활에서든 아니면 직장생활에서든 어떤 문제는 감정적으로 쉽게 격해질 수 있다. 당신과 사이가 좋지 않은 직장 동료가 당신의 기획안에 대해 비난하거나 이혼한 전 아내의 어머니가 손자들을 보고 싶다고 급작스레 요청하기도 한다. 또는 당신의 개가 쓰레기통을 다 헤집어놓는다고 이웃이 불평할 수도 있다. 만약 이러한 상황들이 이성적으로 처리되지 않는다면 사소한 의견 차이가 양쪽의 분노를 촉발하고 과격한 주먹다짐으로 변질될 수 있는 여지는 충분하다.

링컨은 젊은 시절 일리노이주에서 변호사로 일할 때부터 대통령 재임 시기까지 일상적으로 이런 종류의 문제에 직면하곤 했다. 물론 우리의 일상생활에서 발생하는 문제보다 이해관계가 훨씬 더 크고 복잡했을 것이다. 하지만 그가 150여 년 전에 그러한 문제를 다루기 위해 사용한 전략들은 아직도 매우 신선하고 유용한 측면이 있다. 이 책을 준비하면서 나는 링컨의 편지 수백 통을 꼼꼼히 읽고 분석했다. 그러는 동안 반복적으로 발견할 수 있었던 것은 링컨의 한결 같은 어조였다. 어떠한 상황에서도 링컨은 항상 차분하고 명철하며 간결했다. 그는 자신의 냉정함을 쉽게 잃지 않았다. 1830년대부터 1860년대까지의 그의 서신을 하나씩 자세히 살펴본다 하더라도 그가 냉정함을 잃었던 사례는 찾아보기 쉽지 않다. 그는 화를 낼 수밖에 없는 수많은 상황에 처했었다. 링컨의 정치 인생에서 협박과 중상모략, 불가능해 보이는 도전과 비난은 일상다반사였다.

그러나 링컨은 어떻게 냉정함을 잃지 않을 수 있었을까? 그는 세상일을 초월한 도인이었을까? 물론 아니다. 그렇다고 이를 갈고 화가 나지 않은 척하면서 속으로 화를 삭였던 것도 아니다. 우리가 다음 편지들에서 보듯이 링컨은 그의 감정을 숨기거나 거짓으로 꾸미지 않았다. 대신 그는 자신의 극단적인 감정들을 명확하게 인식했고 문제를 처리하기 위해 그 감정들을 어떻게 누그러뜨리는지 알고 있었다. 이것은 끊임없는 연습이 필요할 정도로 미세하면서도 중요한 작업이다. 만일 이를 터득한다면 가장 신경에 거슬리는 문제조차도 신속하게 해결할 수 있음을 알게 될 것이다. 마치 폭발물 해체전문가가 폭탄의 복잡한 내부에 있는 선 하나를 자름으로써 폭발을 막을 수 있는 것처럼 말이다. 전선을 자르는 행위 자체는 간단하지만, 그 작업은 어떤 선을 잘라야 하는지 알아야만 가능하다.

반응하지 말고 대응하라

링컨의 편지, 특히 대립이 첨예하던 시기에 쓰인 편지들은 그 상황에 대한 대응 responding과 단순한 반응 reacting 사이의 차이를 교과서적으로 보여주고 있다. 반응 reaction은 단순히 즉각적인 감정에 의존하는 반면 대응 response은 다음 행동까지 염두에 둔 사려 깊은 행동이다. 이것을 두 가지로 나누어 생각해보자.

어떤 자극이 주어지면 무의식적으로 먼저 반응이 일어난다. 우연히 뜨거운 난로에 손을 댔다가 '으악-'하고 소리를 지르며 손을 움츠린 적이 있지 않은가? 만일 발가락을 커피 테이블에 부딪쳤다면 고통으로 인해 즉각 얼굴을 찌푸리며 무심코 외마디 비명이 튀어나올지도 모른다. 또 큰 소음 때문에 한밤중에 잠에서 깨어난다면 곧바로 두려움과 공포에 사로잡힌다. 심장 박동은 극도로 빨라지고 정신은 수면상태에서 벗어나려 노력하며 그 위험을 인식하려고 할 것이다.

이제 위와 같은 상황에서 문제를 해결하기 위해 노력하는 모습을 상상해보자. 커피 테이블에 발가락을 부딪친 그 순간, 저조한 월말 판매실적에 대한 비난에 논리적으로 대응할 것을 요청받는다고 상상해보라. 또는 출처를 알 수 없는 소음이 새벽 2시에 당신을 깨운 후 5초 이내에 직장의 긴박한 위기상황을 처리하라고 요청받았다면 그것이 가능할까? 물론 아니다. 심한 고통에 대한 자동적인 반응 상태에서는 이성보다 감정의 지배를 받을 것이다. 혈압은 차트 밖으로 튀어나갈 듯 올라가 있으며 합리성은 이미 통제 불가능할 것이다.

하지만 여기 좋은 소식이 있다. 이러한 초기 반응 단계에서 당신이 느끼는 흥분 상태는 몇 초 또는 몇 분 후에는 사라질 수밖에 없다. 반응이란 로켓의 1단계 추진 장치와 같다. 추진 장치는 우주선을 밀고 대기로 향해 나가다가 연료를 다 사용하고 나면 그것만 분리되어 지구로 떨어진다.

당신이 어려운 상황에 처해 이에 대응할 필요가 있을 때 중요한 핵심은 로켓의 1단계 추진 장치를 어떻게 다루냐 하는 것이다. 즉 감정의 초기 폭발이 일어날 때 즉각적으로 말이나 행동으로 표현하기 전에 그것들이 사그라지기를 기다리는 것이다. 누군가 당신에게 불쾌한 감정을 일으킬 만한 이메일을 보냈고 거기에 서둘러 답장을 해야 할 상황이라면 발가락을 부딪치거나 난로에 손을 대었다고 생각해보라. 사람으로부터 주어진 외부 자극 역시 그것들과 크게 다르지 않다. 유일한 차이는 누군가 당신에게 신체의 일부가 아니라 감정에 상처를 입혔다는 점이다. 이때 순간적인 감정에 굴복해서 반응하고 싶은 충동에 저항하라. 이것은 바로 당신이 다음 단계에 합리적으로 선택하고 행동할 수 있도록 만드는 의미 있는 최고의 반응이다. 즉각적인 반응을 하지 않았다고 해서 당신이 아무 일도 하지 않은 것은 절대 아니다.

대응이란 이 과정의 두 번째 단계이다. 이것은 초기 반응이 자연스럽게 사라진 후에 온다. 대응은 반응보다 신중하고 덜 감정적이다. 대응은 더 큰 그림을 염두에 둔 전략적 행동이다. 대응의 목적은 당신이 감정을 폭발하도록 방치하는 것이 아니라 바람직한 목표에 다가가도록 돕는 것이다. 논쟁에서 이기고 누군가 어떤 행동을 취하지 않도록 납득시키고 또는 불화를 해결하며 당신을 공격했던 적을 친구로 변화시키는 것 등이 대응의 바람직한 목표가 될 수 있다. 반응은 다음 단계를 생각하지 않고 이루어지는 본능적인 행위라면, 대응이란 다른 사람을 조종하기 위해서가 아니라 명확하고 효과적으로 당신의 요점을 전달하기 위해서 사전에 미리 생각하는 전략적인 움직임이다.

반응하는 대신 대응하기로 선택한 사람은 현명하다. 무조건적인 감정의 분출 또는 감정적인 비난으로 공격에 반응하는 것이 기분을 순간 좋게 만들지만 결국은 갈등을 더 심화시킨다는 점을 알아야 한다. '당신이 나를 뾰족한 막대기로 찔렀으니 나는 더 뾰족한 것으로 찌르겠어.' 이렇게 반응하면 어떻게 될까? 상대방은 달려가서 더 치명적인 상처를 줄 수 있는 막대기를 찾게 되고 이런 일은 계속 반복될 것이다. 게임은 지속되지만 아무것도 성취되지 않는다. 그리고 이런 논쟁을 목격한 누구라도 말할 수 있듯이, 동료나 상사들 사이에서 당신의 평판은 전혀 나아지지 않는다.

링컨이 이러한 반응과 대응 원리를 실전에서 어떻게 활용했는지 살펴보자. 1848년 여름, 링컨이 써서 전단으로 인쇄했던 공식 발표를 예로 들어보자. 링컨은 또다시 선거운동의 고통 속에 있었고 그의 정적들은 그를 비방하고 있었다. 그 선거에서 그의 정적들은 비열한 반칙을 했는데, 그가 기독교에 적대적이라는 독설로 가득 찬 소문을 퍼뜨린 것이었다. 1840년대의 미국에서 그러한 비난에 빠지게 되면 그 후보자는 영원히 매장될 수도 있었다(물론 오늘날에도 이런 사건은 한 사람의 정치생명을 영원히 꺾어버릴 수 있다).

얼마나 민감한 사안인가! 링컨이 자신에 대해서 그런 소문이

돌고 있음을 알았을 때 얼마나 화가 났을지 상상할 수 있는가? 소문을 퍼뜨리는 사람들은 도대체 누구기에 감히 링컨의 믿음을 의심하고 그가 매주 교회에 나가는 사람을 조롱한다고 말했을까? 링컨이 처음 이 일을 알고 분노에 가득 차 친구들에게 고함치는 모습을 떠올린다 해도 전혀 억지스럽지 않을 것이다. 책상에 놓인 잉크병이 링컨의 사무실 벽에 던져졌을지도 모른다. 누구든지 부당하게 공격당했을 때 감정적으로 반응하는 것은 자연스럽다. 하지만 링컨은 곧바로 평상심을 되찾고 '대응 모드'로 들어갔다. 여기서 링컨이 펜을 들기 전에 자신을 진정시켰다는 점을 짚고 넘어가는 것이 중요하다. 다음 글은 1846년 7월 31일 링컨이 괴기한 소문에 대응하여 작성한 전단의 전체 내용이다. 여기서 그의 대응전략의 기본 원리를 찾아볼 수 있다.

제7 하원의원 선거구 투표자들에게 : 신앙이 없다는 비난에 대한 답변

친애하는 시민 여러분,

선거구 지역에서 유포되고 있는 '링컨이 기독교를 조롱하는 사람' 이라는 소문에 대해 저는 몇몇 친구들의 충고를 받아들여 본 전단을 통해 언급하기로 결정했습니다. 제가 어떤 한 기독교 교회의 등록교인이 아니라는 것은 사실입니다. 하지만 저는 성경의 진실성을 의심한 적이 한 번도 없습니다. 또한 일반 종교 또는 특정 기독교 종파에 대해 고의적으로 경시하는 언급을 한 적도 없습니다. 인간의 정신이 통제할 수 없는 부분에 대해 어떤 힘에 이끌리는 것과 같이, 젊은 시절 제가 '숙명론'을 신봉하는 경향이 있었다는 것은 사실입니다. 그리고 때로는 이와 관련된 논쟁에서 이런 의견을 주장하기도 했습니다. 서너 명이 모인 사적인 자리에서 논쟁하기도 했지만 공개적으로 그런 적은 없었습니다. 하지만 이렇게 논쟁하던 것도 이미 5년 넘게 그만두었습니다. 그리고 덧붙인다면 저는 항상 여러 기독교 종파도 이와 같은 의견을 가지고 있는 것으로 이해했습니다. 이 문제와 관련하여 저의 진술은 한 치의 거짓도 없는 진실입니다.

또한 저는 공개적으로 종교를 적대시하고 조롱하는 사람이 선출되도록 지원한 적이 없습니다. 저는 여전히 어느 누구도 자신이 살고 있는 공동체의 일반적인 정서를 모욕하고 윤리를 손상시킬 권리를 가지고 있다고 생각하지 않습니다. 만일 제가 사람들의 보편적인 정서를 모욕하고 그들의 윤리를 손상시켰다면 저를 책망하는 그 누구도 비난할 마음이 없습니다. 하지만 누가 되었든 저에 대한 잘못된 비난을 유포시킨 사람을 비판하는 바입니다.

링컨의 전단에서 우리가 발견할 수 없는 것은 무엇인가? 우선 분노를 표출하는 언급이 없다. 적에 대한 앙심을 품은 공격도 모략중상도 없다. 대신 우리가 찾을 수 있는 것은 한 사람의 성실한 신앙인으로서 느끼는 자부심과 성숙함, 그리고 거기서 배어 나오는 강하고 간결한 진술이다. 그는 결코 즉각적으로 반응하지 않고 냉철하게 대응했다.

이것은 링컨이 차갑고 계산적인 어조를 일부러 가장한다는 의미가 아니다. 그는 자신에 대한 소문에 대해 불쾌하다는 것을 드러냈다. "저는 누가 되었든 저에 대한 잘못된 비난을 유포시킨 사람을 비판하는 바입니다." 하지만 링컨은 또한 이 글을 읽는 사람들이 다가오는 선거에서 자신에게 투표할 사람들이라는 사실을 염두에 두었다. 만약 링컨이 혼전의 선거유세 동안 자신의 감정을 통제하지 못했다면, 유권자들은 그가 선출되고 난 이후에 비슷한 상황에서 냉정함을 유지하리라 기대할 수 있었겠는가?

링컨은 숨김없는 정직함으로 실체도 없는 소문에 대해 진상을 밝혔다. 자신을 향한 비난에 대해 간단히 언급한 후, 일련의 짧은 사실적 진술로 맞섰다. 그가 교회의 등록교인이 아닌 것은 사실이었다. 그러나 그는 성경의 진실성을 부인한 적도, 다른 신자를 조롱한 적도 없었다. 또한 링컨이 답변한 내용의 길이를 유심히 살펴보자. 그는 자신이 얼마나 신앙심이 깊은지 증명하기 위해 몇 장에 걸쳐 글을 쓰지 않았다. 그는 자신에 대한 비난을 세밀하게 하나하나 떼어내어 언급하지 않았다. 왜 그랬을까?

링컨은 자신이 길고 지루하게 답변을 쓴다면 사람들이 그 주장에 대해 더 많은 관심을 갖게 되리라고 생각했을 것이다. 만일 그 소문이 사실이 아니라면 왜 링컨이 그렇게 많은 시간과 관심을 쏟는지 누군가는 궁금해 하지 않겠는가? 그래서 그 문제를 심각하게 다루기보다는 오직 두 문단만을 할애하였다. 그렇게 함으로써 링컨은 모략자들을 무시하지는 않지만,

그들의 비난에 과도하게 반응함으로써 그들의 의도대로 행동하는 잘못을 피할 수 있었다.

그렇다면 효과적인 대응은 항상 간결하고 짧아야 하는가? 그렇지 않다. 상황과 대상이 되는 청중에 따라 반박하기 위해 많은 시간과 관심을 쏟아야 할 때도 있다. 1846년 2월, 링컨이 반기독교인이라는 소문에 답변을 쓰기 몇 달 전 그는 정치인이자 휘그당에 속한 존 J. 하딘 John J. Hardin 장군에게 편지를 썼다. 그때 링컨은 연방의회 의원으로 선출되기 위해 당의 지명을 받으려 준비하고 있었다. 이미 연방의회에서 자신의 첫 번째 임기를 마치고 재선을 준비하던 하딘은 링컨이 자신을 몰아내고자 하는 정치 공작에 관여하고 있다고 비난했다.

당시의 정치적 상황은 매우 복잡했다. 하딘의 주장을 간단히 이야기하면, 링컨은 하딘이 오히려 주지사에 관심 있다고 소문을 퍼뜨림으로써 당이 링컨을 의회 의원에 지명하도록 비열한 행위를 해왔다는 것이다. 하딘은 비록 그의 이름을 익명의 정보원으로 처리했지만 주州 신문을 통하여 그의 주장이 되풀이되도록 묘수를 쓰기도 했다.

공개적으로 답변하는 대신 링컨은 하딘에게 비난에 반박하는 개인적이고 구체적인 긴 편지를 썼다. 19세기 휘그당 정책에 대한 깊이 있는 논의와 함께 작성된 지루한 편지의 전문을 여기에 다 싣기에는 너무 길다. 몇 개의 중요한 단락을 살펴봄으로써 외부 압력에 대해 냉정함을 유지하는 방법을 배우게 될 것이다. 편지의 처음은 다음과 같다.

장군님,

장군님의 두 번째 편지는 잘 받았으며, 지금까지는 모든 것이 만족스럽습니다.

저는 요즘 여가시간을 제쳐두고 장군님께 제가 보낸 지난 편지에서 말씀드렸던 장문의 편지를 쓰고 있습니다. 그러나 〈모건 저널 Morgan Journal〉에 담긴 기사를 본 후 저는 이 편지가 어떤 소용도 없으리란 것을 알게 되었습니다. 특히 장군님에 의해서만 제공될 수 있는 정보가 포함되어 있는 것을 읽고서 그 기사가 장군님의 정보 제공으로 쓰인 것 같다는 생각이 들자 더욱 그러했습니다.

하지만 저는 아무에게도 피해가 되지 않는다고 생각하기 때문에 저의 방식을 고수할 것입니다. 장군님은 연방의회의 자리에 지명되기를 희망하는 제 권리를 인정하면서도 제가 그것을 얻기 위해 노력하는 방식에 대해 불만을 표시하셨습니다. 그러나 그것은 어디까지나 장군님의 관점이라고 생각합니다. 제가 적합하지 못한 방식으로 지명되기를 원했다면 장군님께서 불만을 나타내실 권리가 있습니다. 하지만 이 문제에 있어서 제가 부적절하게 처신했다는 점은 인정할 수 없습니다.

- 존 J. 하딘 장군에게 보낸 편지(1846년 2월 7일)

이제 당신은 아마도 어떤 패턴을 눈치 챘을 것이다. 링컨은 전단에서도 '냉철한 정직함$^{cool\ honesty}$'이라 불릴 만한 한결 같은 어조를 즐겨 사용했다. 그는 절대 냉철함을 잃지 않았다. 하지만 그럼에도 불구하고 자신에 대한 하딘의 비난이 잘못 인식된 것임을 서두에서 명확히 밝혔다. "이 문제에 있어서 제가 부적절하게 처신했다는 점은 인정할 수 없습니다."

그리고 나서 링컨은 하딘이 비난한 혐의의 내용으로 깊이 파고들어 갔다. 같은 편지의 몇 장 뒤에서 링컨은 '하딘의 주지사 입후보' 논쟁에 관해 다루었다.

저는 이제 장군님의 편지를 다시 인용하고자 합니다. "당신은 내가 주지사에 입후보하지 않을 것을 잘 알고 있었습니다. 그러면서도 가을 임원회의 중에 당신은 모든 휘그당원들로부터 다음 후보자로 당신을 지지할 것이라는 서약을 받아냈다는 사실을 알게 되었습니다. 동시에 당신의 친구 중 한 사람이 주지사 후보에 내 이름을 올렸다는 사실을 알았습니다. 그것은 내 이름을 연방의회 의원 후보에서 없애고 동시에 당신이 더 수월하게 당의 지원을 독점적으로 이끌어내기 위한 의도였다고 의심할 수밖에 없습니다."

제가 직간접적으로 어떤 방식으로든 장군님의 주지사 후보 지명을 준비하고 관여했다는 내용은 책임 전가일 뿐입니다. 그런 오해는 부당합니다. 저는 알톤^{Alton}의 보고서를 확인하고 스프링필드에 돌아와서 그러한 일이 일어나기 전까지는 그에 대해 전혀 알지도 못했고, 믿지도 않았으며, 전혀 의심하지도 않았습니다. (중략)…… 저는 바로 신문사로 찾아가서 그들이 주지사 후보 지명

문제에 대해 언급하지 말아줄 것은 요청했습니다. 그들은 장군님께서 보셨던 것과 같이, 제가 예상한 바와 같이 이미 인쇄된 짧은 문단을 저에게 보여주었습니다. (중략)…… 저는 그 문제에 있어서 한 치의 거짓도 없이 결백합니다. 그러한 사실을 전혀 모르고 있었습니다. 혹 필요하다면 저는 더 명백하고 결정적인 입증을 할 수 있습니다.

- 존 J. 하딘 장군에게 보낸 편지(1846년 2월 7일)

링컨이 자신을 어떻게 변호하고 있는지 살펴보라. 자기 자신이 알고 있는 하딘의 잘못을 가지고 그에게 비난을 퍼붓는 게 아니라 명확하고 간결한 언어로 변호하고 있다. "제가 했다고 당신이 말한 것을 저는 하지 않았습니다." 그는 감정적으로 반응하지 않았다. 그는 그렇게 할 필요가 없었다. 그는 자신이 선택한 단어(정말로 결백한 $^{wholly\ innocent}$, 부당한 ^{unjust})를 통해 그 충격을 전달했다. 링컨은 진실로 느낀 그대로 말하려 했을 뿐 그것을 과장하지 않았다.

효과적인 대응의 특징은 간결하고 명확하다는 점이다. 감정적인 반응은 종종 너무 거칠어서 통제가 불가능하고 무엇을 말하려 하는지 파악하기 힘들다. 격렬한 반응들은 의미를 가진 생산적인 논쟁이 되기 어렵고, 서로 처한 상황을 개선하는 데 도움이 되지도 않는다. 반면 함축적이고 간결한 언어로 대응한다면, 레일을 따라 달리는 증기 기관차처럼 무사히 목적지에 도달할 수 있다. 명쾌함은 힘이 세다.

결코 당신의 서툰 모습을 보이지 마라

만일 처음으로 공개되는 연극의 리허설을 보는 것과 조금 더 기다려서 오프닝 공연을 볼 수 있는 기회가 있다면 어느 쪽을 선택하겠는가? 복잡한 미스터리 소설의 초고와 편집자에 의해 다듬어지고 완성된 소설 중 하나를 선택해 읽어야 한다면 어떤 것을 고르겠는가?

두 가지 경우에 있어서 대부분의 사람들은 기다림을 선택할 것이다. 연기자들이 각자의 대사를 더듬거리면서 연기하는 것을 보는 것도 조금은 흥미롭겠지만 즐거움을 주지는 않을 것이다. 또한 틀린 맞춤법과 줄거리 전개상 많은 허점들로 가득 찬 수백 페이지 소설을 파고들어 며칠 밤을 지새우는 것은 그다지 유쾌한 일이 아니다.

   이메일이든 편지든 그리고 얼굴을 마주한 대화도 이와 같다. 누군가가 부당하게 공격하고 비난할지라도 즉각적으로 반응^{reaction}하지 마라. 대신 링컨의 전략과 표현을 벤치마킹하라. 심호흡을 하면서 격렬해진 감정을 진정시키기 위한 시간을 갖고 치밀하게 준비하며 사려 깊게 대응^{response}하라.

07 링컨은

다른 사람의 슬픔을
희망으로 바꾸었다

링컨은 재능 있는 정치인이자 전쟁 전략의 대가였을 뿐만 아니라 훌륭한 대통령이었다. 하지만 그는 또한 멋진 친구였다. 그가 개인적으로 쓴 편지들을 살펴보면 이것은 매우 분명한 사실이다.

링컨은 친한 벗이었던 조슈아 스피드^{Joshua Speed}에게 보낸 다음의 편지에서 파니^Fanny라고 불리는 여자와 결혼을 앞두고 있는 자신의 친구를 격려하고자 했다. 링컨처럼 때때로 깊은 우울(링컨은 한때 자살까지 생각할 정도로 우울증세가 심각했다)에 빠지는 경향이 있던 스피드는 자신의 결혼이 잘하는 일인지 의심하고 있었다. 어떤 계기로 링컨이 이 편지를 쓰게 되었는지는 모르지만, 조슈아는 자신이 처한 상황에 시쳇말로 미칠 지경이었음이 분명하다. 링컨이 어떻게 부드럽고 사려 깊게 친구를 격려했는지 살펴보자.

사랑하는 스피드,

자네가 알다시피 나는 곧 다가올 자네 결혼의 성공을 진심으로 바라네. 그래서 절대로 일어나지 않기를 바라지만 자네가 어떠한 도움이라도 필요로 할 경우를 대비해서 자네를 도울 수 있는 마지막 방법으로 이 편지를 쓴다네.

말로 하는 것보다 글로 쓰는 것이 더 나을 것 같아서 편지를 쓰는 것이 아니네. 내가 말로 해버리면 자네에게 진정 도움이 필요할 때 그 말을 잊어버릴 수도 있기 때문에 글로 보내는 거네. 자네가 결혼 전까지 초조함을 느끼는 것은 아주 당연한 반응이라고 생각하네. 자네가 초조함을 느낄 때 이 글을 읽었으면 좋겠군.

초조함을 느끼는 것이 당연하다고 말한 것은 일반적인 원인과 함께 특별한 세 가지 이유가 있네. 일반적인 원인이란 자네는 천성적으로 신경과민의 기질을 가지고 있다는 것이네. 내가 개인적으로 자네를 지켜본 것과 여러 번 자네 어머니에 대해 이야기한 것, 그리고 동생 윌리엄의 아내가 죽었을 때 윌리엄에 대해 나에게 이야기한 경험 등을 근거로 하는 말이네.

첫 번째 특별한 이유를 은유적으로 말하자면 여행 중인 자네가 악천후에 노출되어 있다는 점이네. 내 경험에 의하면 이런 상황은 불완전한 신경과민에 매우 심각한 영향을 끼치더군. 두 번째는 자네 마음을 전환시켜줄 친구와의 교제나 대화의 부재라네. 친구와의 교제와 대화는 시시하지만 거대한 고통으로 이끄는 부정적인 생각의 출현을 막아주고 휴식을 주는 출구가 된다네. 세 번째는 생각과 감정이 지나치게 어느 한 곳에 집중된 나머지 자네도 모르게 위기 상황으로 너무 빠르게 치닫고 있다는 점일세.

자네가 또 다른 '영혼의 고통' 없이 이런 모든 원인에서 벗어나고 성공적으로 이 어려움을 이겨낸다면, 나는 가장 행복하게 그러나 가장 지독하게 자네에게 기만당한 것이네. 반대로 내가 예상한 대로 자네가 괴로워하고 고민한다면, 사악하고 파괴적인 악마의 유혹이 아닌 내가 앞서 언급한 것들 탓으로 돌려버리기를 바라네.

하지만 자네는 "링컨, 자네가 말하는 원인이 이와 비슷한 상황에 있는 모든 사람에게 적용되는 것인가?"라고 말하고 싶을 것이네. 결코 그렇지 않네. 특별한 원인들은 아마도 적든 크든 모든 경우에 적용될 수 있지만 일반적인 이유, 즉 신경과민은 그렇지가 않다네. 만약 다른 일반적인 원인이 없었다면 신경과민이라는 특별 원인들은 자네에게 전혀 해가 되지 않을 걸세. 이것으로부터 자네와 다른 사람들 사이에 서로 차이가 생기는 것이라네.

마땅히 사랑하고 있음에도 불구하고 그녀를 사랑하는 것이 아닐지 모른다는 걱정이 바로 자네를 가장 힘들게 한다는 것을 나는 아네. 그러나 그건 말도 안 되네. 왜 자네가 그녀에게 프러포즈를 했겠는가? 그녀가 그럴 만한 자격이 있다고 생각했기 때문이네. 만약 그녀가 자네의 프러포즈를 받기 위해 어떤 원인을 제공했기 때문일까? 만약 그렇다면 왜 같은 이유로 자네는 앤 토드[Ann Todd] 또는 자네가 생각할 수 있는 수많은 다른 여자들에게는 프러포즈를 하지 않았을까?

그녀가 부유하기 때문에 그녀에게 프러포즈를 했었나? 알다시피 그녀는 부유하지 않네. 자네가 말하기를 자네는 스스로 그런 상황으로 만들어갔다고 하는 편이 맞네. 그건 무슨 의미겠나? 자네 스스로 그녀로부터 헤어나오기란 불가능하다는 것을 발견했기 때문이 아니겠는가? 자네는 그녀를 처음 보았거나 그녀에 대해 처음으로 들었을 때 프러포즈 하겠다고 생각하고 어느 정도 그 이유에 스스로 납득하지 않았나? 무엇이 처음에 자네로 하여금 그녀에게 접근하도록 만들었겠는가? 그 당시에 자네의 마음을 움직일 다른 이유 따위는 없었네.

자네는 최근에서야 그녀의 친구들로부터 이런저런 이야기를 들었을 것이네. 이전엔 그녀가 도덕적인지, 상냥한지, 분별이 있는지, 심지어 좋은 성격인지 아닌지 몰랐고 또 알 수도 없었을 걸세. 그 당시 자네가 알 수 있었던 것은 그녀의 외모와 행동뿐이었네. 그리고 그것들이 조금이라도 인상 깊었다면 그것은 자네의 머리가 아니라 가슴에 감동을 주었을 것이네. 솔직하게 말하면 처음 자네의 마음에 불을 지핀 것은 그녀의 절묘하게 검은 눈동자가 아니었나? 자네와 내가 일전에 같이 지낼 때 자네는 나를 데리고 렉싱턴Lexington까지 갔다 오지 않았나? 오직 그녀를 다시 보고 싶다는 명백한 목적 하나 때문에 그날 밤에 다시 돌아오는 힘겨운 여행을 갔던 것이 아닌가?

도대체 왜 그녀가 자네를 업신여긴다고 생각하는지 또 그녀가 자네 아닌 다른 것에 몰두하고 있다고 믿게 되었는지 모르겠군. 하지만 이것은 자네가 잘못 생각한 것이네. 그렇기 때문에 자네의 감정적인 판단이 옳다고 확신할 수 없는 거라네. 자네에 대한 걱정이 깊으니 부디 잊지 않고 답장을 해주길 바라네.

친구 링컨으로부터
- 조슈아 F. 스피드에게 보낸 편지(1842년 1월 30일)

어려움을 겪고 있는 친구를 잘 격려할 수 있는 방법은 무엇일까? 이 편지는 과연 우리에게 무엇을 가르쳐주고 있을까?

링컨은 자신의 태도와 상대의 태도를 극명하게 대조시켰다

이것은 매우 기본적인 것이지만 짚고 넘어갈 만한 가치가 있다. 링컨은 가장 친한 친구로부터 공황상태에 있는 듯한 편지를 받았다. 그는 어떻게 답변하기로 결정했는가? 똑같이 당황스러움을 감추지 못한 채 답장을 쓰는 것? 아니다. 그렇게 하는 것은 현재 상황을 더 악화할 뿐이고 자신의 친구를 벼랑 끝으로 내몰 수도 있음을 잘 알고 있었다.

링컨은 어느 정도 그렇게 느꼈을지도 모르지만 낙담 또는 당황스러움으로 반응하지 않았다. 그는 친구가 처한 상황을 자신이 냉철하고 객관적으로 바라보고 있음을 먼저 인지시켰다. 그는 자신이 냉정을 유지하는 것이야말로 친구를 진정시킬 수 있는 유일한 방법임을 알았던 것이다.

링컨은 온화한 논리를 사용했다

지금 상황이 친구가 생각하는 만큼 최악은 아니라는 사실을 납득시키기 위해 링컨은 대답이 너무도 뻔한 질문을 했다. 조슈아가 파니에 대한 자신의 감정을 진심인지 의심하는 것처럼 보였기 때문이다. "마땅히 사랑하고 있음에도 불구하고 그녀를 사랑하는 것이 아닐지 모른다는 걱정이 바로 자네를 가장 힘들게 한다는 것을 나는 아네. 그러나 그건 말도 안 되네." 그래서 링컨은 과거에 조슈아가 파니에게 얼마나 끌렸는지를 언급하였다. 그리고 그가 다른 많은 여자들에게는 같은 방식으로 느끼지 않았으며 그가 물질적인 이득을 위해 그녀에게 청혼한 것도 아니었음을 지적하면서 친구가 빠진 함정을 정확히 찾아냈다.

링컨은 솔직했다

우리가 링컨의 다른 편지에서 보았던 것처럼 그는 있는 그대로를 솔직하게 그러나 정중한 방식으로 표현했다. 우리는 이 편지에서도 그러한 흔적을 찾을 수 있다. 링컨은 자신의 가족에게 대하는 것처럼 조슈아에게 '너는 신경과민 증상이 있으며 비이성적으로 염려하는 경향이 있다'고 솔직하게 편지의 서두를 시작했다. 링컨은 심지어 조슈아가 자칫하면 그러한 상황에 빠질 수 있음을 걱정하면서 그런 일이 발생할 때 자신이 더 잘 대처할 수도 있다고 밝힌다. 마치 항우울제 처방전을 써주는 것처럼 말이다.

링컨의 전략은 효과가 있었다. 조슈아 스피드는 얼마 지나지 않아 파니와 결혼했다. 그러나 링컨은 그 친구가 스스로 만들어낸 악마와 싸우는 것을 돕기 위해 더욱 노력했다. 다음 달 그는 다음과 같은 편지를 다시 썼다.

사랑하는 스피드,

며칠 전에 자네에게서 온 편지를 받았네. 이 편지가 자네에게 도착할 때쯤이면 자네는 이미 파니의 남편이 되어 여러 날을 지냈겠지. 알다시피 친구로서 자네를 돕고자 하는 나의 바람은 변함없네. 나의 판단이 옳다고 생각하는 한 절대로 이 일을 멈추지 않을 것이네. 하지만 자네는 설령 충고가 필요하다 해도 내가 한 번도 그런 경험을 한 적이 없으니 잘못된 충고를 할 수도 있을 거라고 의심하겠지. 그러나 나는 자네가 다시는 다른 사람으로부터 어떠한 위로나 조언도 받지 않기를 희망하고 있다네. 만약 내 생각이 틀렸다면, 그러니까 때때로 극단적인 즐거움이 고통과 함께 찾아온다면 내가 이전에 그래왔던 것처럼 심연의 깊은 고통과 절망 가운데서도 자네의 상황이 금세 호전될 것이라는 사실을 기억하길 바란다네.

나는 이제 자네가 그녀를 사랑할 수 있을 만큼 충분히 사랑한다는 것을 확신하네. 그녀의 존재가 자네에게 주는 행복과 그녀의 건강에 대한 자네의 깊은 염려를 보면 이 사실은 논쟁할 가치도 없다는 생각이 드는군. 나는 때때로 신경과민이 자네를 실패로 몰아붙이는 게 아닌가 하고 생각하네. 하지만 일단 자네가 그것들을 성공적으로 잘 이겨낸다면 모든 문제는 영원히 사라지게 될 것이네.

내가 만약 자네라면, 정신이 올바른 상태가 아닌 상황에서는 나태해지지 않기 위해 노력하겠네. 나라면 바로 어떤 사업을 시작하거나 준비하거나 그 비슷한 일을 할 걸세. 어떤 순간에도 공포를 느끼지 않을 충분한 평정심을 가지고 그런 노력을 한다면 자네는 의심할 것도 없이 평화롭고 안정될 걸세. 그리고 두세 달이 지나면 세상에서 가장 행복한 남자가 되어 있을 것이네.

파니에게 안부 전해주길 바라네. 하지만 그녀가 이 편지를 읽고 싶은 마음이 생길까봐 자네는 이 편지를 받았다는 사실을 그녀에게 알리고 싶지 않을 수도 있겠군. 내가 파니에게 보낸 마지막 편지에 답장을 해달라고 전해주게. 내용이 어떠하든 그녀로부터 받은 쪽지나 편지를 나는 아주 소중하게 생각할 것이네.

시간 나면 답장 해주게.

영원한 벗, 링컨으로부터

추신 : 자네가 떠난 뒤로 나는 진정한 남자로 지내고 있네.

- 조슈아 F. 스피드에게 보낸 편지(1842년 2월 13일)

우리는 이 편지에서 링컨이 조슈아의 신경과민에서 비롯된 염려를 진정시키고, 파니와의 결혼 후에도 그를 위해 해야 할 일이 남아 있음을 알 수 있다. 위에서 읽은 후속 편지에서 링컨은 모든 일이 계속 좋아지고 있음을 조슈아에게 확인시킴으로써 친구의 자신감을 북돋워주고 있다. 그는 나아가 "이제 자네가 그녀를 사랑할 수 있을 만큼 충분히 사랑한다는 것을 확신하네"라고 말하면서 확인 도장을 찍어줌으로써 친구의 사기를 진작시키려 노력했다. 바로 이 점이 중요하다. 링컨은 분명 조슈아가 존경하고 동경하는 사람이었기 때문에 이런 일이 가능했던 것이다.

링컨은 또한 다른 많은 사람에게 용기를 주려고 애썼다. 당시 10대였던 링컨의 아들 로버트^{Roert}의 친한 친구인 조지 레이썸$^{George\ Latham}$에게 보낸 다음 편지에서 미국의 16대 대통령 링컨은 하버드 대학 입학에 실패한 그를 위로하고 있다. 몇 년 전 아버지를 여읜 조지에 대해 링컨이 남다른 애정을 가지고 신경 썼음을 알 수 있다.

사랑하는 조지에게

어제 받은 밥^{Bob}의 편지를 통해 네가 하버드 대학에 떨어졌다는 소식을 듣고 얼마나 가슴 아팠는지 모른다. 그러나 낙심하여 허우적거리지 않는다면 거기에는 아주 조금의 절망만 있을 뿐 새로운 기회와 희망이 싹트고 있을 것이다.

네가 열심히 노력해서 다시 도전한다면 반드시 성공적으로 하버드 대학에 입학하고 졸업할 수 있단다. 무엇보다 '열심히' 하는 자세가 중요하다. 너보다 나이 많은 어른으로서 또한 많은 시련을 겪은 사람으로서 확신하건대 만약 네가 굳은 결의로 실패하지 않겠다고 결심한다면 결코 실패란 있을 수 없다.

그 대학의 총장은 아마 더없이 친절한 사람일 테니 네가 인터뷰를 요청한다면 허락할 것이다. 그리고 너의 이번 대학입학을 좌절케 한 방해물이 무엇인지 더 나아가 그것을 극복하는 가장 좋은 방법을 가르쳐줄 것이다. 너의 일시적인 실패 때문에 너보다 쉽게 대학에 입학한 다른 사람들보다 더 훌륭한 학자나 성공한 사람이 되지 못하리라는 법은 없단다. 오히려 고난과 역경 속에서 진정 위대한 사람이 나오는 법이다.

다시 한 번 말하지만 낙담하여 좌절하지 말거라. 그러면 너는 반드시 성공할 것이다.

— 아들의 친구 조지에게 보낸 편지(1860년 7월 22일)

이것은 큰 좌절감을 겪게 된 친구, 특히 자신보다 어린 누군가에게 용기를 북돋워주려고 할 경우에 딱 맞는 편지이다.

링컨의 말들은 진솔한 경험에서 우러나오는 이야기이기 때문에 진실의 힘이 느껴진다. 작은 통나무 오두막집에서 자라 미국의 대통령이 된 그의 경험은 위대한 전설로 이미 많은 사람들에게 널리 알려졌기 때문에 조지에게 굳이 자세히 설명할 필요가 없었다. 따라서 그의 글은 간결하지만 더 큰 힘을 갖게 된다. 링컨은 위대한 사람으로 태어난 것이 아니라 편지에서 서술한 것처럼 고난과 역경 속에서 위대함을 배워 자신의 것으로 만들었을 뿐이다.

사람은 세월이 흐르면서 더 많은 경험을 축적하고, 그 경험을 통해 배운 교훈들을 어린 사람들에게 전해줘야 한다. 여기 링컨의 개인적인 삶과 관련된 마지막 편지가 있다. 1862년, 링컨의 오랜 친구인 윌리엄 맥컬로 William McCullough는 남북전쟁 초기 전투에서 전사했다. 일리노이주 젊은 변호사 시절부터 맥컬로와 알고 지냈던 링컨은 맥컬로의 딸 파니를 위로하기 위해 펜을 들었다.

사랑하는 파니,

친절하고 용감한 네 아빠의 전사 소식을 들었을 때 나는 깊은 슬픔에 빠졌다. 특히 그런 상황이 너의 어린 마음에 얼마나 큰 상처가 되었을까 생각하니 더욱 슬프구나.

그러나 이 세상에서 슬픔이란 모든 사람이 겪을 수밖에 없는 일이란다. 그리고 그 슬픔들은 불시에 찾아오기 때문에 젊은 사람들에게는 아주 쓰디쓴 고통으로 다가오는 법이다. 나이든 사람들은 그것을 예상하는 법을 배운단다. 나는 지금 네 슬픔을 조금이나마 위로할 수 있기를 바란다. 물론 완전한 위로란 시간이라는 치료제 외에는 불가능하겠지.

아마 너는 지금의 슬픔에서 벗어날 수 있다는 사실을 상상하기 어려울 것이다. 정말 그럴까? 아니란다. 그것은 너의 착각일 뿐 분명히 다시 행복해질 거야. 만약 네가 이것을 믿는다면 조금은 덜 비참하게 느껴질 것이다. 나는 이 말이 무엇을 의미하는지 알 만큼 충분한 경험들을 했으니 믿어도 좋다. 너의 기분이 조금이라도 나아지길 원한다면 그냥 이 사실을 믿기만 하면 된단다. 그러면 사랑하는 아버지에 대한 기억은 심한 고통이 아니라 그 이전보다 더 순수하고 거룩하며 우아하고 달콤한 슬픔으로 다가올 것이다.

슬픔에 잠긴 네 어머니에게도 나의 안부를 전해주길 바란다.

파니를 사랑하는 링컨으로부터
– 친구의 딸 파니에게 보낸 편지(1862년 12월 23일)

간결함 속에 위대한 힘이 있다. 링컨이 얼마나 빨리 애도의 내용에서 벗어나 모든 것이 곧 괜찮아질 거라고 파니를 확신시키는지 살펴보라. 링컨은 파니에게 아버지가 얼마나 멋졌는지를 상기시킴으로써 그녀를 더 힘들게 만들고 싶지 않았다. 다시 한 번 말하지만 그의 목적은 자기보다 훨씬 어린 누군가에게 자신의 경험으로부터 우러나온 인생의 진실을 알려줌으로써 그에게 용기를 심어주는 것이었다.

08 링컨은

객관적 사실과 논리에 의존했다

1861년은 남북전쟁 초기였다. 미국 전역은 일촉즉발의 위기 상황이었고 링컨 역시 믿을 수 없을 정도로 위압적인 도전에 직면해 있었다. 링컨이 연약한 연방군을 지원하고 하나로 만들기 위해 노력하고 있는 동안, 호전적인 켄터키 주지사 베라이어 매고핀Beriah Magoffin은 대통령의 이런 계획을 방해하고자 시도했다. 노예제도를 지지하는 매고핀은 연방군이 켄터키주에 조직되기 시작하자 켄터키주에서 연방군의 철수를 요구하는 편지를 링컨에게 보냈다.

물론 매고핀은 링컨이 전국을 하나로 통일하려는 계획에 제동을 걸 만한 힘을 가지고 있었지만 이에 대한 링컨의 대응은 불멸의 걸작이었다. 차분하고 절제 있었으며 절대 동요하지 않았다.

켄터키주 B. 매고핀 주지사님께

이달 19일에 '켄터키주 영토에 조직되어 야영하고 있는 군대를 주 밖으로 철수시켜 달라'고 촉구하는 주지사님의 편지를 받았습니다.

저는 아마도 이 문제에 대해 완벽하고 정확한 정보를 가지고 있지 않을 수도 있습니다. 하지만 특별히 증강되지 않은 작은 규모의 연방정부군이 켄터키주 내에서 야영하고 있는 것은 사실이라고 믿습니다. 연방정부가 이 부대에 무기를 공급해왔음을 또한 부정하지 않습니다. 또한 이 군대가 전적으로 켄터키 시민으로 이루어졌으며 자신들의 집 바로 근처에서 야영하고 있고 켄터키의 선량한 시민을 공격하지도 위협하지도 않고 있음을 믿습니다.

제가 이전에 결행한 모든 일은 많은 켄터키주 시민들의 절박한 간청에 따라 이루어진 것입니다. 제가 알고 있는 변함없는 사실에 의하면 이것은 연방군을 사랑하는 켄터키주 대다수의 시민들이 바라던 바입니다.

저는 켄터키주 대다수의 연방의회 의원들을 포함하여 저명한 분들과 이 문제에 대해 대화를 나누었습니다. 그동안 저는 주지사님과 이 편지를 전달한 분 이외에 어느 누구도 이 군대를 철수하도록 촉구하거나 해산할 것을 종용하는 분을 만나지 못했습니다. 켄터키주의 덕망 있는 한 분이 한동안 군대를 증강하는 것을 중지해 달라고 요청한 적은 있습니다.

판단을 내리기 위해 제가 할 수 있는 모든 방법을 동원해본 결과, 군대를 켄터키주에서 철수하는 것이 모든 주민들의 희망사항이라고 생각하지 않습니다. 이러한 이유로 저는 군대의 철수 요청을 삼가 정중하게 거절하는 바입니다.

물론 제가 태어난 고향인 켄터키주의 평화를 지키고자 하는 주지사님의 바람에 진심으로 동의하는 바입니다. 하지만 주지사님의 짧지 않은 편지에서 연방정부의 존속을 위한 어떠한 열망이나 진정한 고백도 찾을 수 없었다는 사실에 유감을 표명합니다.

– 매고핀 주지사에게 보낸 편지(1861년 8월 24일)

여기서 우리는 링컨이 매우 익숙하며 효과적인 전략을 사용하는 것을 볼 수 있다. 다시 한 번 실제 상황을 생각해보자. 주지사는 주제넘게 대통령에게 해야 할 일에 대해 말하고 있다. 매고핀은 연방군, 그것도 켄터키주 시민들로 구성된 연방군의 철수를 요구하고 있는 것이다. 당신이 링컨의 입장이라면 처음에 어떤 반응을 했을까? 믿기지 않는다는 듯 분노하지 않았을까?

이미 알다시피, 링컨의 처음 반응도 우리의 예상과 크게 다르지는 않을 것이다. 이는 대통령으로서 정당한 반응이지만,

그것이 곧 링컨이 답장에 쓰기로 선택한 대응은 아니었다.

링컨은 자신의 감정과 자아를 배제시켰다

링컨은 화나 분노, 극도로 혼란스러운 감정을 보이는 것은 적에게 무시무시한 칼을 쥐어주고 그것을 어서 뽑아들라고 자극하는 것임을 알고 있었다. 감정을 있는 그대로 자주 드러내는 것은 적을 두렵게 만들거나 무력화시키지 못한다. 그것은 오히려 당신의 위치를 약화시키며 당신이 무능하고 심지어 비이성적으로 보이도록 만들 뿐이다. 특히 계획을 방해하려고 하는 사람이 부하 또는 아랫사람인 경우에는 더욱 그렇다.

만약 그들이 처음에 당신을 존중하지 않는다고 해서, 조직의 책임자인 부하직원을 해고하거나 비이성적으로 질책하는 것은 절대 당신에게 도움이 되지 않는다. 사실 이것은 그들이 당신을 무시할 또 다른 이유를 제공하는 것과도 같다. 도널드 트럼프(Donald Trump, 엄청난 부동산을 소유한 미국의 억만장자)라면 무언가 자신의 뜻대로 되지 않을 때마다 노발대발하고 임원 회의실에 있는 모든 사람에게 욕을 퍼부어댈 수도 있다. 하지만 트럼프가 처한 상황과 링컨의 경우는 다르다(아마도 막

대한 자금을 보유한 그의 은행 계좌 때문이 아닐까) 만약 트럼프의 모든 임원이 동시에 그만둔다 해도 그는 24시간 이내에 그들을 새로운 임원들로 교체할 수 있다. 그러나 링컨은 그런 사치를 누릴 수 없었다. 그는 대통령으로서 권력을 가지고는 있었으나 그 권력이 남북전쟁으로 심각하게 검증받고 있는 상황이었기 때문이다. 또한 매고핀을 포함해서 많은 사람들이 그의 권위를 짓밟고자 벼르고 있었다. 이와 같은 위태로운 정치 상황을 감안하면 그들은 전세를 역전시킬 수 있는 좋은 기회를 잡은 셈이었다.

여기서 주의해야 할 점은 다른 사람에게 상황에 대한 불만을 표출하는 것이 항상 잘못은 아니라는 사실이다. 물론 불같이 화난 상태를 보여주는 것이 항상 권위를 약화시키는 것도 아니다. 하지만 감정의 과도한 표출은 대개 역효과를 낳기 마련인데 특히 긴박하고 위험한 상황일 경우에는 더욱 그렇다.

링컨은 논리와 사실에 의존했다
이번 편지에서 링컨은 자신의 권한 아래에 있는 조직의 책임자를 해고하는 것과 반대되는 접근을 했다. 아마도 당신은 이것을 '스팍의 책략Spock gambit'이라고 부를지도 모르겠다(스팍은 공상과학 TV드라마 〈스타트렉〉에서 레오나르드 니모이Leonard Nimoy가 연기한 배역으로, 감정을 드러내지 않고 항상 논리로 무장되어 있다). 스팍은 감정적인 의사 '본즈 맥코이Bones McCoy'와 논쟁을 벌이거나 결정을 내릴 때 확실하고 구체적인 사실과 데이터에 의존했다.

링컨도 매고핀에게 같은 방식을 사용했다. 편지의 서두를 다시 살펴보자. 그는 당사자 둘 다 동의할 수 있는 상황에 대한 사실을 길게 나열함으로써 격한 감정이 아니라 냉정함으로 편지를 시작했다. 매고핀의 격한 감정적 표현은 일단 전략적인 냉정함에 부딪힌 것이다.

사실을 충분히 이야기한 후에 링컨은 다음 단계의 주장을 펼쳤다. 매고핀과 달리 대다수의 저명한 켄터키주 시민들이 자신의 입장에 동조하고 있음을 지적했다. "제가 이전에 결행한 모든 일은 많은 켄터키주 시민들의 절박한 간청에 따라 이루어진 것입니다"라고 운을 뗀 뒤 링컨은 여러 변호사들을 포함하여 '켄터키주의 저명한 사람들'과 이야기를 나눈 결과 그들 중 어느 누구도 군대가 철수하기를 바라는 사람은 없었다는 점을 지적했다. 링컨은 "군대를 철수하는 것이 모든 주민들의 희망사항이라고 생각하지 않습니다"라고 결론을 내렸다. 그런 이유로 매고핀의 군대 철수 요청을 삼가 정중하게 거절한다고 밝히고 있다. 최소한 다른 켄터키주 시민들과 나눈 토론을 근거로 링컨 자신이 알고 있는 사실에 따라 답변하고 있는 것이다.

그는 매고핀을 비난할 뿐만 아니라 자신의 입장을 확고히 할 멋진 문구로 끝을 맺고 있다. "저는 제가 태어난 고향인 켄터키주의 평화를 지키고자 하는 주지사님의 바람에 진심으로 동의하는 바입니다. 하지만 주지사님의 짧지 않은 편지에서 연방정부의 존속을 위한 어떠한 열망이나 진정한 고백도 찾을 수 없었다는 사실에 유감을 표명합니다."

결국 링컨은 다음과 같이 말하고 있는 것이다. "나는 큰 그림을 보고 있고 당신은 오직 켄터키주의 이익에만 관심을 가질 뿐이다." 달리 말하자면 "당신은 주지사만큼 생각하는 것이고 나는 대통령처럼 생각하는 것이다." 짜릿하고 멋진 반격이 아닌가! 이것은 매우 인상적이며 압도적인 마무리이다. 깊은 원망과 맹목적인 감정으로 이루어진 것이 아니라 경륜 있는 리더의 예리함으로 이루어진 최후의 일격이었다. 또한 흥분하지 않는 현명함이 돋보이는 부분이다.

다음 편지에서 우리는 링컨이 힘들고 고통스러운 상황에서도 자신의 입장을 고수하고 있는 모습을 볼 수 있다. 전투에서 자식을 방금 저 세상으로 떠나보낸 전직 장교가 자신을 복권시켜달라고 요청했지만 링컨은 거절했다.

존 키 소령에게,

지난 주 초에 귀관의 편지를 비롯하여 아마도 귀관의 요청으로 온 것이라 생각되는 한 꾸러미의 편지를 할렉^{Halleck} 장군으로부터 받았습니다. 귀관의 용감하고 고귀한 아들의 죽음 앞에 진심으로 애도를 표합니다;

군대에서 해임된 문제에 관하여 귀관은 저를 오해하고 있는 것 같습니다. 저는 귀관이 국가에 충성스럽지 못했다고 비난하거나 그런 죄목을 씌우고자 한 적이 없습니다. 단지 군대 내에 장교들의 특정 '그룹'이 있다는 사실과 그 수가 적지 않다는 사실에 다소 두려움을 느꼈습니다. 그 장교들은 어떤 이유에서인지 그들이 할 수 있는 데도 적을 물리치지 않고 오히려 연방군의 안전을 위협하는 근무태만을 일삼았습니다. 귀관 역시 제 앞에서 그러한 근무태만을 사실로 인정하였고 그에 대해 반박하지 않았습니다.

저는 소위 그 '그룹'에 대한 경고로써 귀관을 부득이하게 해임하였습니다. 저는 귀관에게 아무런 나쁜 감정을 가지고 있지 않습니다. 개인적으로 귀관에게 상처를 주지 않으면서 경고할 수 없었던 것이 유감일 뿐입니다. 하지만 공익이라는 관점에서 볼 때, 만일 귀관을 복직시킨다면 군대는 제가 그러한 근무태만을 문제 삼지 않고 용인한다고 생각하지 않겠습니까? 만약 그 문제에 대해서 귀관이 적극적으로 반박했다면 상황은 달라졌을 것입니다. 그러나 귀관과 제가 같은 자리에 있었을 때 귀관은 그것을 부인하지 않고 오히려 논쟁을 통해 그 입장을 고수하려 했습니다.

이번 문제로 귀관이 겪는 고통에 대해 유감스럽게 생각합니다. 그러나 제가 시간을 두고 심사숙고한다 해도 귀관의 복직과 관련된 생각은 바뀌지 않을 것입니다.

— 존 키 소령에게 보낸 편지(1862년 11월 24일)

링컨이 생각하는 충성심^{loyalty}에 대한 견해는 이 편지에서도 확고하게 나타난다. 다음 편지에서 그는 곤란함에 처한 할렉 장군을 옹호하기 위해 자신의 친구이자 하원의원인 아이작 아놀드^{Isaac Arnold}에게 편지를 썼다. 링컨은 그 당시 일반적인 정서에 따르는 대신 그의 결정을 바꿔달라는 친구의 요청을 단호하게 거절하였다.

친애하는 의원님께

할렉 장군을 해임시켜 달라고 요청하는 의원님의 편지를 받았습니다. 당신의 말씀대로 일반 시민들이 할렉 장군이 프레몬트^{Fremont}, 버틀러^{Butler}, 시겔^{Sigel}을 해임했다고 믿는다면 그들은 제가 거짓이라고 생각하는 사실을 믿고 있는 것입니다. 그래서 제가 만약 그러한 요구에 굴복한다면 이와 같은 이유를 들어 또 다른 요구들이 계속 들어올 것입니다.

당신도 알다시피 프레몬트는 할렉이 어떤 결정을 하기 전에 자진하여 그만둔 것입니다. 프레몬트는 6월 말쯤 그만두었고, 할렉은 7월 말이 되어서야 돌아왔습니다. 또한 저는 할렉이 버틀러나 시겔의 해임을 바란 적이 없음을 잘 알고 있습니다. 프레몬트와 같이 시겔도 자신이 원해서 사임하였습니다. 그는 거의 6개월 넘게 여러 군단장급 또는 그 이상의 인사들이 불평한다는 이유로 지속적으로 제게 압력을 가했습니다.

그들이 다시 복직하지 않을 것이라는 내용에 관해 이야기하자면, 이른 봄에 프레몬트 장군은 적극적으로 복직되기를 원했습니다. 저에게는 그가 매우 바람직하고 합리적인 이유로 복직을 희망하는 것으로 보였습니다. 하지만 그는 맥클렐런(McClellan) 장군을 제외하고는 군대에서 서열이 가장 높기 때문에 서열의 위계질서를 고려하여 그에게 하위 지휘권을 맡길 수 없었습니다. 제가 후커(Hooker), 헌터(Hunter), 로즈크랜스(Rosecrans), 그랜트(Grant) 또는 뱅크스(Banks)를 교체했어야 했을까요? 그렇지 않다면 제가 어떻게 했어야 했나요? 이와 유사한 경우가 있습니다. 버틀러 장군이 복직하고 나서 1개월이 지났을 때, 지금 생각해봐도 그 자신과 나라를 위해서 가장 적절하다고 생각했던 자리를 제안했으나 그는 거절했습니다. 제가 앞서 말한 바와 같이 시겔 장군이 자진해서 그만두었을 때 저는 그 군사령관 자리에 다른 사람을 지명할 수밖에 없었습니다. 제가 그를 다시 그 자리에 앉히기 위해 지금 지휘권을 가진 사람을 즉시 밀어내야 할까요?

자, 이제 저의 친구인 의원님, 다른 요점을 설명하겠습니다. 그랜트 장군이 빅스버그Vicksburg에서 승리하든 안 하든 이번 달 초부터 20일까지 그의 선거유세는 세상에서 가장 훌륭했습니다. 그의 군단장 및 사단장은 맥클러낸드McClernand, 맥퍼슨McPherson, 셔먼Sherman, 스틸리Steele, 허비Hovey, 블레어Blair 그리고 로건Logan입니다. 그랜트 장군과 그의 일곱 장군들과 관련하여 할렉 장군을 해직시키고 프리몬트, 버틀러, 시겔을 다시 복직시키려는 자들은 지속적으로 비난하고 반대해왔습니다. 저는 이들 중 누구도 상원을 쉽게 통과할 수 없을 것이라고 생각하며 한 명은 이미 통과하는 데 실패했습니다. 저는 좀 더 불편부당한 시각을 가지라는 압력을 받고 있습니다. 물론 그렇게 하지 않겠지만 의원님의 지위와 권한에 상관없이 저는 대통령으로서 제 임무를 잘 이해하고 있습니다. 저는 의원님이 저의 진심을 믿어주기 바랍니다.

의원님의 영원한 벗으로부터

– 아이작 아놀드에게 보낸 편지(1863년 5월 26일)

당신이 난처해지는 이메일이나 당신의 판단에 의심을 품은 누군가에게 답변을 해야 하는 상황에 처한다면 남북전쟁 초기에 백악관 집무실에 앉아 있는 링컨을 떠올려보라. 압력? 복잡한 이해관계? 링컨에 비하면 우리는 이런 표현을 꼭 써야 하는지 다시 한 번 의심해봐야 하지 않을까? 그는 이성을 잃지 않은 채 자신을 비판하는 사람들을 상대했다. 당신도 답장을 보내기 전에 심호흡을 한 번 하라. 만약 필요하다면 두 번이나 세 번 들이마셔도 된다. 그 다음에 차분하고 이성적으로 자신의 주장을 변호할 내용을 적기 시작하라. 이것이야말로 사람들이 리더에게 기대하는 행동이다. 링컨이 할 수 있었다면 당신도 못할 이유가 없다.

09

링컨은

적과의 공통점을
찾았다

링컨은 노예제도를 지지하는 사람들을 비판하기보다는 주로 노예제도 자체를 비판했다. 거기에는 매우 단순하고 명쾌한 이유가 있다. 대통령이 되기 전에는 광범위한 연합의 지지를 필요로 했고, 대통령이 되고 나서는 사회에 만연된 뿌리 깊은 분열을 심화시키기보다는 사람들을 하나로 모을 필요가 있었기 때문이다. 그는 굳이 적을 규정하거나 불필요하게 그들과 대립하는 것을 원치 않았다.

    오늘날 정치 세계에서는 자신의 이념적 정적을 비난하고 가능한 한 상대방의 약점을 부각시키는 것이 일반적이다. 하지만 노예제도에 대한 링컨의 연설과 공식 문서들을 살펴보면 그는 지속적으로 자신의 정적과 이념적 반대론자들에게 다가가 그 문제의 어려움을 인정했다. 1854년 일리노이주 피오리아Peoria의 하원의원 더글라스Douglas와의 논쟁 일부를 살펴보자.

(중략)……

저는 노예제도가 확산되는 것에 반대합니다. 왜냐하면 노예제도는 그 자체로 끔찍이도 불공평하기 때문입니다. 그로 인해 공화국의 표본인 우리가 전세계에 영향력을 행사하기 어려워질 뿐만 아니라, 자유주의의 적들이 우리를 위선자라고 조소하고 자유주의자들은 우리의 진심을 의심할 수 있기 때문입니다. 특히 독립선언을 비판하면서 이기주의 외에는 올바를 행동 원칙이 없다고 주장하는 사람들과 선량한 사람들이 '시민 자유civil liberty'의 근본을 두고 서로 피를 흘리며 싸워야 하기 때문입니다.

먼저 저는 남부 사람들에 대해 어떤 편견도 가지고 있지 않습니다. 만약 우리가 그들과 같은 처지였다면 그렇게 했을 것입니다. 만일 노예제도가 그들에게 존재하지 않았다면 그들은 노예제도를 도입하지 않았을 것입니다. 마찬가지로 우리에게 노예제도가 존재했다면 우리도 즉각 포기하기 어려웠을 것입니다. 이것이 제가 남부와 북부의 대중들에 대해 생각하고 있는 방식입니다. 물론 의심할 여지없이 어떠한 상황에서라도 노예를 부리지 않을 사람들도 있을 것이고, 반대로 노예제도가 없다 할지라도 기꺼이 새로 그 제도를 만들 사람들도 있을 것입니다. 일부 북부 사람들이 남부로 가서 가장 잔혹한 노예 주인이 된 반면, 어떤 남부 사람들은 노예를 해방시키고 북쪽으로 와서 열렬한 노예폐지론자가 된 사실을 알고 있습니다.

남부 사람들이 자신들은 노예제도의 기원에 책임이 없다고 말할 때 저는 그것이 사실이라고 생각합니다. 마찬가지로 존재하는 제도를 모두가 만족하도록 제거하기 어렵다는 것도 인정합니다. 맹세컨대 저는 제 자신조차 어떻게 해야 할지 모르는 것을 그들이 하지 않는다고 해서 비난하지 않을 것입니다. 만약 이 세상의 모든 권한이 나에게 주어진다 해도 저 또한 존재하는 제도에 대해 무엇을 해야 할지 모를 것입니다.

저의 첫 번째 욕심은 모든 노예를 해방하고 그들을 태어난 본토인 라이베리아로 보내는 것입니다. 그러나 어떠한 고귀한 희망을 가졌든 장기적으로 이것을 갑작스럽게 실행하는 것은 분명 불가능하리라고 생각합니다. 만약 노예들이 같은 날 모두 라이베리아 땅을 밟게 하려면 그들은 모두 죽게 될 것입니다. 열흘 동안 여러 번 그들을 실어나를 충분한 운송시설과 돈이 없기 때문입니다. 그러면 어떻게 해야 합니까? 그들에게 자유를 주고 우리의 조력자로 함께 머물게 해야 하지 않을까요?

(중략)……

남부 사람들은 노예제도를 신대륙 국가에 전파하는 것을 우리가 반대해서는 안 된다고 주장합니다. 즉 제가 소유한 돼지를 네브라스카^{Nebraska}로 데리고 가는 것에 의원님이 반대하지 않는 것처럼 저도 의원님이 의원님의 노예를 데려가는 데 반대하지 말아야 한다는 것입니다. 저는 만약 돼지와 노예 사이에 아무런 차이가 없다면 이 말이 완전하게 논리적이라는 사실에 동의합니다. 하지만 흑인들은 인성이 없다는 점에 동의하라고 의원님이 저에게 요구하는 동안 저는 남부 사람들도 과연 그렇게 생각하는지 여쭤보고 싶습니다.

세상에 천성적으로 폭군인 사람은 많지 않습니다. 자유국가보다 노예제 국가에서 이 비율이 더 높은 것도 아닙니다. 북부 사람들만큼이나 대다수 남부 사람들도 인간적 연민을 가지고 있습니다. 남부 사람들의 마음속에 있는 이러한 연민은 노예제도가 잘못되었음을 자각하게 합니다. 결국 흑인에게도 인성이 있다는 그들의 인식을 명백하게 보여주고 있습니다.

링컨이 북부 사람들과 남부 사람들 사이에, 노예제도 지지자와 반대자 사이에 다른 점보다는 공통점을 찾아 강조하고 있음에 주목해야 한다. 링컨은 자신의 적이 합리적인 사람으로 보이게끔 비상한 노력을 했으며, 처음으로 그가 모든 문제의 해답을 가지고 있지 않음을 인정했다. 그는 노예제도에 관한 상대방의 마음을 바꾸고자 했고, 상대방을 비난하는 것이 자신의 목적을 달성하는 데 도움이 될 수 없다는 것을 알았다.

그렇다면 이것이 현대인의 삶과는 어떤 연관이 있을까? 우리는 정치권에 입후보하지도 않으며 사회적 쟁점이 되는 문제로 대중적인 토론에 참여할 일도 없다. 하지만 현대인은 비록 작은 일이라 하더라도 항상 갈등에 직면해 있다. 동료와의 논쟁, 친구와의 의견 충돌, 배우자나 애인과의 계속되는 말다툼……. 특별한 상황이 아니라 하더라도 우리는 종종 자신에게 이렇게 질문할 것이다. 이 갈등을 끝내기 위해 노력하기를 나 스스로 원하는가? 아니면 지속되기를 원하는가? 만일 이러한 갈등 상황을 끝내고 싶다면 전략을 바꿔서 상대방의 말과 행동에 대해 즉각적이고 감정적인 반응을 멈추어야 한다. 물론 상대방은 여전히 당신에게 즉각적이고 감정적으로 반응하고 있다고 믿어야 한다.

그러나 미리 경고하자면 갈등을 끝내겠다고 선택하는 것은 결코 유쾌하지 않다. 오히려 이것은 계속해서 싸우기 위해 자신에게 위안을 주는 것과 같다. 따뜻하고 안락한 자기 연민이라는 감정으로 자신을 포장하고, 자신을 비열한 상대방의 불쌍한 희생자로 여기는 것이다. 그러면서도 적에 대해 끔찍한 생각을 할 수도 있다. 논쟁했던 내용들을 반추하고 다음 전투를 위해 새롭고 그럴듯한 공격적인 표현을 생각해내는 데 시간을 보낼 가능성은 충분하다. 그것은 운동이나 독서 또는 가족과 시간을 보내는 것보다 더 흥미롭기 때문이다.

하지만 당신이 갈등을 끝내려고 마음을 먹었다면 그리고 그러는 도중에 상당한 여가 시간을 갖게 되었다면 위에서 살펴본 링컨의 경험이 많은 참고가 될 것이다. 그것은 당신을 올바른 길로 인도하는 로드맵road map이 될 것이다.

링컨은 적의 장점을 찾아 칭찬했다

일반적으로 당신의 적은 당신의 친구임을 (또는 적어도 예전에는 친구였음을) 명심하라. 처음에 그들에게 끌렸던 점은 무엇인가? 과거에 그들의 어떤 성격을 좋아했는가? 그들에게 화가 났던 사실과 상관없이 그들은 여전히 매력적인 무언가를 보유하고 있는가? 만약 상대방이 친구였던 적이 없다 해도 다른 방식으로 같은 연습을 해보라. 아마도 적어도 하나 또는 두 개의 장점들을 찾아낼 수 있을 정도로 그들에 대해 알고 있을 것이다.

링컨은 적과의 공통점을 찾기 위해 고민했다

이것은 매우 어렵지만 갈등을 해결하는 핵심이다. 자신이 적의 입장에 처해 있다고 가정하고 또 한편으로는 적의 머릿속에 들어가 있다고 생각해야 한다. 현재의 갈등 요소 외에 당신과 적의 공통점은 무엇인가? 비슷한 환경에서 자랐는가? 같은 경험을 공유한 적이 있는가? 링컨은 노예제도 유지를 바라는 남부 사람들을 무조건 잔혹하고 이기적인 사람이라고 몰아붙이지 않았다. 오히려 "마찬가지로 우리에게 노예제도가 존재했다면 우리도 즉각 포기하기 어려웠을 것입니다"고 말하면서 그들의 처지와 심정에 먼저 동조하는 전략을 구사했다. 그렇게 함으로써 상대방과 더 많은 동질감을 가지게 되고 서로 '비난하기 게임'에 빠지지 않을 수 있었다.

링컨은 즉각적으로 반응할지 차분히 대응할지 먼저 생각했다

다른 사람의 입장에서 생각해본다면, 열린 마음으로 대하겠는가, 방어적으로 대하겠는가? 자신의 입장만 생각하다 보면 요점을 상대방에게 납득시키기보다 방어적이고 폐쇄적인 반응을 불러일으킬 수밖에 없다. 링컨이 만약 즉각적으로 그들의 주장에 반박하려고만 했다면 그의 편지는 온화함과 논리적 설득과는 거리가 멀어졌을 것이다. 그렇다면 결과는? 서로 돌아올 수 없는 강을 건너게 되는 것이다.

일단 이렇게 실천한다면 당신은 전문가들이 말하는 소위 '합리적인' 사람이 될 수 있다. 합리적인 사람이란 쓸데없이 화를 내지 않으며 과거의 의견 불일치에 매여 있지 않고, 갈등을 해결하는 방법을 찾고 있는 사람으로 정의할 수 있다. 이렇게 하면 무조건 당신은 적을 설득하고 이길 수 있을까? 그럴 수도 그렇지 않을 수도 있다(링컨이 위의 논쟁에 휩싸이고 나서 몇 년 후 남북전쟁이 발발했음을 기억하라). 하지만 적어도 그것은 성공의 가능성을 높여줄 것이다.

10 링컨은

막연한 충고보다 실질적인 조언을 했다

경력이 쌓이면서 링컨은 자의든 타의든 종종 다른 사람에게 충고를 해야 했다. 그리 놀랄 일도 아니지만 그는 타고난 친절함과 효과적 언어로 충고하였다. 1850년에 젊은 변호사들에게 쓴 다음의 짧은 글을 살펴보자.

저는 성공한 변호사가 아닙니다. 저는 적당히 성공한 경험들보다 실패 속에서 대부분의 교훈을 얻었습니다.

모든 사람들의 천직^{calling}이 다 그렇듯 변호사에게 가장 중요한 원칙은 부지런함입니다. 오늘 할 수 있는 일을 내일로 미루지 마십시오. 상대방이 답신을 기다리도록 만들지 마십시오. 어떤 일이 당신 앞에 놓여 있든 일을 멈추기 전에 그때 그 순간에 할 수 있는 모든 작업을 다 하십시오. 어떤 소송을 진행할 때 소송에 관한 사실을 충분히 확보했다면 즉시 소장에 기록하십시오. 법률적 쟁점이 포함된 경우는 서적을 검토하여 필요할 때 쉽게 찾을 수 있도록 소장에 근거가 되는 판례를 기재하십시오. 답변서와 청원서의 경우도 마찬가지입니다. 소송업무와 같지 않은 일반 조세 사건, 소유권 다툼, 부동산 분할 등 일반 업무에 있어서는 모든 법적 권리를 조사하고 문서에 기록하십시오. 심지어 명령과 판결 초안도 미리 작성해놓으십시오. 이렇게 하면 세 가지 이점이 있습니다. 일단 그렇게 하고 나면 누락이나 소홀함이 방지되고 업무에 소요되는 추가노동을 줄일 수 있습니다. 법정에서 시간에 쫓겨 업무를 수행하려 애쓰지 말고 시간이 있을 때 법정 밖에서 미리 준비를 철저히 하십시오.

갑작스럽게 말할 상황에 대비하고 이를 위해 연습해야 합니다. 말하기는 변호사가 대중에게 접근하는 수단이 됩니다. 아무리 능력 있고 신뢰가 가는 변호사라 할지라도 만약 그가 말하는 데 서투르다면 사람들은 그에게 일을 맡기기 주저할 것입니다. 하지만 젊은 변호사가 말하기에만 지나치게 의존하는 것처럼 보인다면 치명적일 수 있습니다. 만약 말하기에 아주 뛰어난 재능을 가지고 있는 변호사가 그것에 의지하여 법률의 고된 업무를 게을리 한다면 그의 변론은 보나마나 실패할 것입니다.

될 수 있으면 소송을 말리십시오. 할 수만 있다면 이웃들이 서로 타협하도록 설득하십시오. 소송이 끝나고 나면 변호사 수임료 및 제반비용 그리고 시간 낭비로 인해 종종 판결에 이기고도 패배자가 되고 마는 사실을 알려줘야 합니다. 화해자로서 변호사는 좋은 사람이 될 수 있는 기회를 다른 사람보다 더 많이 가지고 있습니다. 또한 그러한 경우에도 충분한 수임이 보장될 수 있습니다.

소송을 선동하지 마십시오. 이런 부류보다 더 나쁜 변호사는 없습니다. 상습적으로 등기부를 검토하고 권리증서에서 결함을 찾아내어 다툼을 조장함으로써 이익을 챙기는 사람보다 더 사탄에 가까운 사람이 어디 있겠습니까? 도의를 지킬 줄 아는 성품과 올바른 직업의식을 갖춘 자가 그렇지 못한 사람들을 몰아내야 합니다.

수임료 문제는 단순히 밥그릇의 문제가 아닙니다. 변호사와 고객 둘 다에게 공평하도록 주의를 기울여야 합니다. 터무니없는 수임료가 청구되어서는 절대 안 됩니다. 일반적으로 약간의 변호사 선임료 외에 전체 수임료를 미리 받아서는 절대 안 됩니다. 사전에 수임료를 다 받았을지라도 아직 받을 비용이 더 있는 경우와 마찬가지로 그 사건의 중요성과 책임감을 충분히 느낀다면 당신은 훌륭한 사람입니다.

그렇다고 수임 사건에 관심을 덜 갖게 된다면 정작 수임사건을 맡았을 때 여러분의 기술과 노력이 부족할 수도 있습니다. 비용을 미리 정하고 사전에 문서에 기록하십시오. 그러면 당신은 당신이 무엇인가를 위해 일하고 있다고 느낄 것이고 자신의 일을 성실하게 잘하고 있는지 확인할 수 있습니다. 적어도 심리를 다 마치기 전에는 비용 내역을 미리 다 받지 마십시오. 그것은 당신을 나태와 부정직함으로 내몰 뿐입니다. 즉, 사건에 흥미를 잃음으로써 나태해지게 되고 심리에서 실패했을 경우 미리 받은 비용을 되돌려주지 않기 위해 당신을 부정직하게 만듭니다.

사람들은 변호사들이 부정직하다는 막연한 믿음을 가지고 있습니다. 지금 '막연하다'는 단어를 썼는데 왜냐하면 대중에 의해 변호사의 명예가 부여되기 때문입니다. 그러므로 대중에게 변호사가 부정직하다는 느낌은 뚜렷하거나 명확한 것이 아닙니다. 그러나 그런 느낌은 누구에게나 보편적인 것입니다. 변호사를 천직으로 선택한 젊은이들이 이러한 대중들의 막연한 믿음에 굴복하지 않기를 바랍니다. 모든 문제에 있어 정직하겠다는 결단을 내리십시오. 그리고 만약 당신 자신의 판단으로 정직한 변호사가 될 수 없다면 변호사가 되지 말고 정직하게 살 것을 결단하십시오. 악당이 되는 데 자신도 모르게 미리 동조하게 되는 변호사 대신에 다른 직업을 선택하는 것이 더 현명합니다.

링컨의 유명한 글 중 하나인 이 편지를 더욱 돋보이게 만드는 것은 간략함과 정직함이다. 이것은 간략하고 평범한 문체로 쓰였고 공식 편지나 연설에서 볼 수 있는 형식적인 꾸밈이 없다. 길고 장황한 도입부도 없고 법조인의 자부심과 영광을

찬양하는 겉치레 인사도, 변호사로서의 엄숙한 책임감도 찾아 볼 수 없다. 왜 그럴까? 링컨은 이런 글을 생소하게 느끼는 사람이 아니다. 오히려 선거유세를 하면서 그는 종종 오랜 시간 연설을 했고 때때로 화려하고 긴 수사법을 쓰기도 했다.

그러나 링컨을 위대한 커뮤니케이터communicator로 만든 것은 청중이 누구이며 그들이 원하는 것이 무엇인지 항상 꿰뚫고 있었다는 점이다. 젊은 변호사들이 가장 듣기 싫어하는 것은 법조인의 영광스러움에 대한 구태의연하고 장황하며 표현만 그럴싸한 철학적인 내용임을 알고 있었다. 그들은 링컨이 젊었을 때 그러했던 것처럼 자신들에게 실질적인 도움이 될 수 있는 진심어린 충고를 원했던 것이다. 그들은 자신들과 같은 일을 겪었던 누군가로부터 실용적이고 분별력이 있는 요점을 듣고 싶어 했다. 그런 충고는 그들의 업무에 실질적으로 도움이 될 뿐만 아니라 그들 사이에서 링컨에 대한 호의적인 인상을 주기에도 충분했다. 막 정계에 입문한 정치가가 자신의 이력을 쌓기 위해 잠재적인 유권자들을 행복하고 이롭게 만드는 것보다 더 좋은 방법이 어디 있겠는가?

링컨이 여기서 사용하고 있는 신속한 요점 나열방식을 살펴보라. 거의 모든 문단에 젊은 변호사들이 쉽게 받아들여 적용할 수 있는 유익한 요점들이 포함되어 있다. 이렇게 하라, 저렇게 하지 마라, 무엇을 조심하라, 무엇을 경계하라……. 위의 글은 설교적이지도 위압적이지도 않으면서 명확하고 유익한 조언과 용기를 주는 훌륭한 표본이다.

몇 년 후 대통령으로서 링컨은 훨씬 위험한 상황에 처하게 된다. 남북전쟁은 격렬하게 진행 중이었고, 링컨은 공식적 또는 비공식적으로 자신의 지시를 기다리던 전장의 장교들과 빈번하게 연락을 취해야 했다. 급변하는 전쟁 상황과 메시지를 전달하는 데 오랜 시간이 걸림을 감안하면 링컨이 일일이 명령을 내리는 일은 불가능해진 것이다. 그래서 링컨은 그들 스스로 다소 넓은 범위 내에서 무엇을 해야 할지 알려주어야 했다.

친애하는 장군님,

커티스 장군을 해임하고 제가 왜 장군님을 미주리 군단의 지휘관으로 임명했는지 말씀드리는 것이 좋겠다는 생각이 들었습니다. 저는 업무수행에 있어 어떤 잘못을 했거나 태만했다는 확신 때문에 커티스 장군을 해임한 것이 아닙니다. 그보다는 정부 연방군에서 가장 큰 비중을 차지하는 미주리의 연방군이 치명적인 파벌싸움을 벌이고 있다는 확신 때문에 해임한 것입니다. 커티스 장군은 선택할 여지도 없이 한쪽 분파의 우두머리가 되었고 다른 쪽의 수장은 갬블Gamble 주지사였습니다. 이러한 다툼을 화해시키기 위해 몇 달 동안 노력했지만 사태는 더 악화되었고 어떻게 하든 이 문제를 해결하는 것이 저의 의무라고 느꼈습니다. 갬블 주지사를 해임할 수는 없는 관계로 커티스 장군을 물러나게 했던 것입니다.

이제 장군께서 그 자리에 임명되셨으니 저는 커티스 장군이나 갬블 주지사가 했던 것처럼 사태가 다시 원상태로 돌아가지 않기를 희망합니다. 장군의 판단에 따라 공익을 위해 올바른 일을 해주시길 바랍니다. 강력한 군대의 힘으로 침입자들을 몰아내고 평화를 지키되 일반 시민을 괴롭히고 박해하는 데 그 힘이 쓰이지 않기를 바랍니다. 이것은 매우 어려운 업무이지만 잘 수행하신다면 위대한 영광이 뒤따를 것입니다. 양 분파 모두 장군을 비난하거나 매도하지 않는 상황이야말로 올바르게 일이 진행된다는 증거가 될 것입니다. 한 쪽에서 칭송을 듣는다는 것은 반대로 다른 쪽의 공격을 받게 된다는 사실을 기억하십시오.

- 존 스코필드 장군에게 쓴 편지(1863년 5월 27일)

링컨은 대통령으로 재임하면서 몇 백 마일 떨어진 곳에서 급변하는 상황을 직접 세세하게 관리하는 것이 어렵다는 사실을 깨달았다. 만약 이를 무시한다면 실패는 불을 보듯 빤한 것이고 장교들이 그 상황을 제대로 통제할 수 있을까 불안에 떨 수밖에 없기 때문이다. 그래서 스코필드에게 '이렇게 하고 저렇게 하지 말라'는 식의 세밀한 명령을 내리는 대신, 링컨은 자신의 기대를 개략적으로 설명하고 장군에 대한 신뢰를 명확히 보여주었다. 그는 스코필드에게 어떤 것을 지켜야 하는지 몇 가지 원칙을 언급하였는데, 그것은 구체적인 지시사항이 아니라 생각하는 방식에 대한 것이었다. 문제에 직면했을 때 스코필드는 이런 원칙을 상황에 적용할 수 있었고, 링컨이 구체적인 정황을 모른다 할지라도 군 책임자로서 자신의 권한 범위 내에서 어떻게 행동해야 할지 알 수 있었다.

강조하건대 링컨은 자신의 글을 읽을 사람들에 대한 예리한 이해력을 갖추고 있었다. 그는 효과를 극대화하기 위해 메시지의 어투와 내용을 수신자에게 맞추었다. 수신자가 누구인지 그리고 그들의 현재 상황이 어떠한지를 모두 고려했다.

우리는 링컨과 달리 커뮤니케이션에 있어 정반대의 접근방식을 취하는 사람들을(특히 비즈니스 현장에서) 숱하게 알고 있다. 그들의 천편일률적인 이메일에는 수신인이 누구인지 왜 편지를 보내는지와 상관없이 항상 똑같이 무뚝뚝하며 넌더리 나게 번지르르한 안부 인사가 포함되곤 한다. 다른 말로 하면 그들은 편지를 받을 사람에 대해서 진심으로 생각하지 않는다는 것이다. 그들은 수신인이 누구인지 전혀 고려하지 않는다는 표현이 더 정확하지 않을까.

만약 누군가에게 충고할 기회가 생긴다면, 당신의 지혜가 필요한 이들을 진심으로 생각할 시간을 갖도록 하라. 당신이 말하는 내용뿐만 아니라 어떻게 전달해야 할지에 대해서도 고민한다면 분명 큰 효과를 얻을 것이다.

링컨은 11

질책과 칭찬의
쓰임을 알고 있었다

링컨이 남북전쟁 기간에 쓴 편지들은 멋모르는 신입사원뿐만 아니라 복잡하고 어려운 상황에 처한 고위 관리자에게도 실질적인 도움을 주는 리더십의 백과사전이다. 이 장에서는 공격을 받을 때마다 보여준 링컨의 기품 있는 태도를 살펴볼 것이다. 모든 것이 꼬이고 혼돈스러운 것처럼 보이는 상황 속에서 링컨이 다른 사람들과 더불어 그것을 어떻게 헤쳐 나가는지 그 지혜를 엿볼 수 있다.

링컨이 전쟁 기간 동안 쓴 편지를 읽는 것은 여러 가지 면에서 훌륭한 자기계발 연습이 된다. 그 중 한 가지는 전장에 있는 지휘관들의 상처받은 감정과 지친 영혼을 다루기 위해 그가 쏟은 많은 시간과 에너지다. 링컨은 지휘관들의 변덕스러운 감정을 진정시키고 기발한 재치로 그들을 관리하는 동기부여와 격려의 대가였다. 서로 색깔이 다른 성격, 배경, 야망을 가진 팀원들을 노련하고 품위 있게 관리하는 일에 지쳐버린 사람이라면 눈여겨보라. 그것은 결코 쉬운 일이 아니지만 조화와 균형을 유지하면서 목표를 달성해야 하는 리더들의 성공 열쇠이니 말이다.

질책과 칭찬 사이의 절묘한 줄타기

여기서 살펴볼 편지는 다소 절망적인 상황에서 긴급히 전달된 편지에 대한 답장이다. 이 편지에서 링컨은 몇 주 전 버지니아 챈셀러즈빌Chancellorsville에서 남부동맹 로버트 E. 리Robert E. Lee 장군에게 참패한 조셉 후커Joseph Hooker 장군의 자신감을 북돋워 주기 위해 노력한다. 그 당시 후커에 대한 링컨의 신임은 이미

약해지고 있었고, 실제 이 편지를 받은 지 며칠 후 후커는 사임을 하려고 했다. 하지만 마지막이 가깝다는 것을 감지했음에도 링컨은 솔직하고 기품 있는 방식으로 후커를 격려했다.

친애하는 장군님,

달그렌^{Dahlgren} 대위 편에 이 편지를 보냅니다. 장군이 오늘 오전 11시 30분에 보낸 서신을 방금 받았습니다. 장군께서는 자신이 육군 소장으로서 신임을 받지 못하고 있다는 사실에 대해 너무 격하게 말씀하셨습니다.

장군은 자신에게 해가 될 정도로 신임이 부족한 것이 아닙니다. 장군께 오늘 아침 전보를 친 후 할렉 장군을 보았을 때 그는 저보다 더 장군의 의견에 동의했습니다. 물론 무례하지 않게 제가 장군과 다른 의견을 표현했을지라도 그것은 제가 장군을 신임하지 않는다는 이야기가 결코 아닙니다.

할렉 장군의 표현에 따르면, 그는 이번 일로 어느 정도 장군께 불만을 가지고 있었다고 판단됩니다. 만약 할렉 장군이 이 일에 대해 장군을 비난한다면 그것은 그가 잘못한 것이라고 생각합니다. 하지만 저는 이번 일로 할렉 장군이 장군에 대한 지지를 거둘 것이라고 생각하지 않습니다. 만약 장군과 할렉 장군이 서로에게 그리고 저에게, 또 제가 두 분을 대할 때 했던 것처럼 솔직하게 이야기한다면 아무런 문제도 없을 것입니다. 저에게는 두 분 모두의 지혜와 전문성이 반드시 필요합니다. 하지만 위와 같이 미심쩍은 감정들은 저에게서 두 분 모두를 빼앗아갈 것입니다.

저는 장군이 군대의 지휘관으로서 지금까지 무엇인가를 성취할 기회가 없었음을 이해합니다. 제가 보기에 로버트 E. 리 장군이 하퍼스 페리 Harper's Ferry로 되돌아가게 되어 맥클렐런이 지난 가을 놓쳤던 기회를 장군께서 잡으실 것 같습니다. 그때는 물론 지금도 제가 틀렸을지 모릅니다. 하지만 저에게 주어진 막대한 책임감으로 인해 저는 침묵할 수만은 없습니다. 만약 장군과 할렉 장군 모두 고려할 만한 가치가 있다고 생각한다면, 저의 미약한 판단을 더해 장군과 할렉 장군 모두 진실된 판단 아래 행동하시길 부탁드립니다.

― 조셉 후커 장군에게 보낸 편지(1863년 6월 16일)

링컨이 후커의 기분을 고려하여 상황을 그럴듯하게 꾸미고 진실을 외면할 수도 있는 유혹을 어떻게 거절했는지 살펴보라. "당신은 정말 멋지게 해내고 있어요!"라든지 또는 "모든 사람이 당신에 대해 좋은 말들을 하고 있어요"라고 말하는 전략은 찾아볼 수 없다. 물론 그는 그 상황을 꾸미고 싶은 유혹도 견뎌야 했을 것이다. 결론적으로 링컨은 후커가 받고 있는 스트레스를 알고 있었고, 리 장군의 군대와 또 다른 충돌은 피할 수 없는 일이었다. 물론 진실을 가리고 모든 것이 장밋빛인 것처럼 위장하고 당분간 불편한 관계에 놓이기를 피하기 위해 그를 격려할 수도 있었다.

하지만 링컨은 그 상황을 정면으로 맞서고 거짓된 약속이나 입에 발린 칭찬을 하지 않았다. 그는 후커의 상급 지휘관인 할렉 장군이 비록 후커가 생각한 만큼은 아니지만 만족하지 않고 있다는 사실을 알고 있었다. 그리고 두 장군이 전투 전략에 있어 서로 다른 의견을 낼 때마다 링컨이 후커보다 할렉 장군에게 힘을 실어주고 있다는 생각의 부조리함에 대해서도 지적했다. 또한 후커의 불만을 불식시키고 그 마음을 움직이기 위해 아주 온화한 말로 표현했다. 그리고 나서 의외의 말로 끝을 맺는다. "만약 장군과 할렉 장군이 서로에게 그리고 저에게, 또 제가 두 분을 대할 때 했던 것처럼 솔직하게 이야기한다면 아무런 문제도 없을 것입니다. 저에게는 두 분 모두의 지혜와 전문성이 반드시 필요합니다. 하지만 위와 같이 미심쩍은 감정들은 저에게서 두 분 모두를 빼앗아갈 것입니다."

이것은 기품 있고 힘 있는 꾸짖음이었고, 후커 장군의 주목을 끌만큼 충분히 강력했다. 하지만 글이 쓰인 방식으로 짐작하건대 후커 장군은 당황하거나 화나지 않았을 것이다. 링컨의 언어에는 분노가 없기 때문이다. 단지 있는 그대로 진실만이 존재할 뿐이다. 홀로 있을 때는 분노의 감정을 표출했을지 모르지만 자신의 실망스러운 감정을 결코 분별없이 나타내지 않았고 후커 장군의 업무성과와 태도를 개선시키기 위해 조심스러운 접근법을 취했다.

하지만 링컨은 그것이 옳다고 느낄 때는 칭찬하는 데 인색하지 않았다. 1861년에 쓴 다음 편지는 개인의 희생을 통해 놀랄 만한 성과를 거둔 직원을 격려하는 내용의 표본으로 손색이 없다.

친애하는 장군님께

이 편지는 공식적인 편지가 아니라 개인적인 편지입니다. 장군은 전투를 무사히 마쳤고 그 결과는 장군뿐만 아니라 국가적으로 큰 영광임을 확신하는 바입니다. 그 성과와 가치는 굳이 정교한 분석이나 평가를 필요로 하지 않습니다. 저는 장군과 장군이 행한 일들에 대해 그 누구보다도 기쁜 마음으로 감사를 드립니다. 현재 제 입장에서는 나라 전체를 보살피는 것이 가장 중요하지만, 일리노이주가 우리를 실망시키지 않았다는 데 자부심을 갖는 것을 굳이 숨기지 않겠습니다.

저는 방금 위시번 Washburne과의 긴 인터뷰를 마쳤는데 그는 장군과 장군의 동료들이 일하면서 처했던 많은 어려움들에 대해 자세히 설명해주었습니다. 우리는 결코 장군을 잊거나 소홀하게 대하지 않겠습니다. 아직 끝나지 않은 많은 일들이 있고, 그것은 지금 우리가 하고 있는 일보다 훨씬 더 큰 힘과 노력을 필요로 할 것입니다. 장군의 군대 중 일부에 무기가 지급되지 않았는데, 상당한 병력을 가지고 있는 다른 곳도 상황은 마찬가지입니다. 더 정확히 표현하자면 정부가 그들에게 지급할 무기를 확보하는 속도보다 더 빠르게 시민들이 국가를 위해 군대로 모여들고 있기 때문입니다.

그리고 각 부대가 자신들의 명확한 전투 목표를 알아야 한다는 지적에 기꺼이 찬성하는 바입니다. 하지만 국가가 모든 일에 대해 항상 즉각적으로 또는 확고하게 결정할 수 없으며 결정한다고 해도 아군에게 알려지는 만큼 적에게도 알려질 위험이 있음을 기억해주십시오.

우리는 장군이 최대한 현명하게 모든 일을 수행하고 있다는 사실을 알고 있으며, 우리도 그러하다는 점을 장군께서 믿어주시길 바랍니다. 다른 분들에게도 존경과 감사를 전해주시길 부탁드립니다.

— 존 맥클러낸드 장군에게 보낸 편지(1861년 11월 10일)

상사로부터 위와 같은 편지를 받는다면 기분이 좋지 않을 사람이 어디 있겠는가? 이 편지에서도 링컨의 어조가 침착하다는 사실에 유의하라. 그는 칭찬을 지나치게 늘어놓지 않았다. 가장 중요한 것은 그가 진실한 태도를 잃지 않았다는 점이다.

그가 쓴 모든 단어는 그의 진심을 있는 그대로 표현한 것이다. 그리고 전투의 가장 끔찍한 공포를 목격한 군인을 격려하기 위한 노력은 거의 모든 문장에 오롯이 배어 있다. 편지의 마지막에서 맥클러낸드 장군이 얼마나 신속한 정보전달 체계와 군수품의 지급에 대해 걱정하는지 공감을 표시하고 있다. 그러면서도 논쟁적이거나 방어적이지도 않게 자신이 생각한 상황의 진실과 전개방향에 대해 어떻게 설명하고 있는지 보라.

위기상황에서 가장 효과적인 표현 전략

전쟁 기간 동안 링컨은 매우 긴박한 편지를 빈번히 써야 했다. 이런 경험이 많지 않았던 사람들은 과도하게 감정적으로 치우치기 십상이지만, 이런 상황에서도 링컨은 편지의 어조와 어휘 선택에 있어 완벽한 통제력을 보여주었다. 그는 공황에 빠지거나 절제하지 못하는 모습을 보이지 않고도 격앙된 감정을 있는 그대로 전달할 수 있었다. 항상 마감시간에 쫓기면서 감정의 무분별한 폭발에 내몰리는 오늘날의 직장에서 링컨의 접근 방식에 대한 연구가 절실한 이유는 바로 이 때문이다.

돈 부엘^{Don Buell} 장군에게 보낸 링컨의 다음 편지를 살펴보자.

링컨은 전쟁 전략에 있어 예하 지휘관들과 의견 차이가 있었고, 테네시Tennessee에 있는 연방동맹군Union allies의 안전에 대한 걱정이 커져갈 무렵이었다. 어떻게 보면 링컨 개인뿐만 아니라 미국 전체가 생사의 갈림길에 놓인 절체절명의 순간이었다.

친애하는 장군님,

어제 보낸 장군의 편지를 잘 받았습니다. 그 편지로 인해 꽤 낙심했고 마음이 괴롭습니다. 저는 그 편지를 맥클렐런 장군에게 보여주었고 그는 오늘 장군께 편지를 쓰겠다고 했습니다.

저는 장군의 견해를 비판할 자격이 없습니다. 따라서 제가 오늘 할 수 있는 일은 제 자신에 대해 정당화하는 것뿐입니다. 두 쟁점 중에서 저는 내슈빌Nashville보다는 컴버랜드 갭Cumberland Gap의 철도 남쪽에 더 중점을 두고 싶습니다. 첫째, 컴버랜드 갭은 내슈빌과는 달리 적의 주요 통신망을 가로지르기 때문입니다. 두 번째로 내슈빌과는 달리 애국자들이 집결하는 한복판이기 때문입니다. 다시 말하지만 내슈빌로 이동하는 것이 우리의 주요 목표라고 가정할 때 동부 테네시에서의 이동이 장군을 힘들게 한다기보다 이익이 되는 양동작전이라는 사실을 확신합니다.

하지만 저의 걱정은 동부 테네시의 동지들이 교수형에 처해지고 절망에 내몰린 것입니다. 심지어 지금 제가 두려워하는 것은 그 동지들이 개인적 보호를 위해 반란의 무기를 들려고 생각하는 것입니다. 이렇게 되면 우리는 남쪽에서 가장 귀중한 기회를 잃게 됩니다. 장군의 편지에 대한 제 긴급서신은 존슨^{Johnson} 상원의원과 동부 테네시의 메이나드^{Maynard} 하원의원에게 알린 후 보내는 것입니다. 그들은 제가 그들에게 확실히 말해줄 수 없는 답변을 듣기 위해 올 것입니다. 그들은 절망할 것이고 아마도 가서 어떻게든 자신의 가족들을 구하거나 아니면 그들과 함께 죽을지도 모릅니다.

저는 이 편지를 어떤 의미에서든 명령하려고 쓰는 것이 아니라 단지 앞에서 암시했던 것처럼 제가 근심하는 바를 장군에게 알리기 위해서입니다.

— 돈 C. 부엘 장군에게 보낸 편지(1862년 1월 6일)

링컨은 불필요한 과장 없이 상황의 극단적인 긴박성을 알리고자 했다. 이 짧은 편지의 구조를 살펴보자. 그는 단도직입적인 표현으로 편지를 시작한다. "어제 보낸 장군의 편지를 잘 받았습니다. 그 편지로 인해 꽤 낙심했고 마음이 괴롭습니다." 우리는 링컨이 이와 유사한 형식으로 편지를 시작하는 것을 얼마나 여러 번 보았는가? 이런 서두는 편지를 읽는 사람의 시선을 사로잡을 뿐만 아니라 링컨이 즉시 공세를 취할 수 있도록 도와준다. 그는 자신이 말할 어조를 먼저 선택한 다음 상대방에게 인지시켰다. 이 상황에서 그것은 바로 사태의 심각성이다.

감정에 휩쓸리지 않고 있는 그대로 자신의 감정을 이야기한 후 링컨은 명료하고 간단한 언어로 자신이 선호하는 전략을 설명했다. 그는 부엘 장군의 견해를 짓밟기보다 자신의 견해를 밝힘으로써 설득하는 전략을 택했다. 그는 해명하는 것을 두려워하지 않았고 그의 전략에 대한 부엘 장군의 전문적인 비판도 언제든지 수용하겠다고 밝혔다.

그리고 나서 그는 두 번째 문단에서 논리적인 표현을 접고 감정적인 내용으로 옮겨갔다. 이러한 선회는 의도적으로 비약을 택한 것이었다. "동부 테네시의 동지들이 교수형에 처해지고 절망에 내몰린 것입니다." 링컨은 부엘에게 긴급한 상황을 전달하길 원했다.

편지를 읽는 사람의 공감을 이끌어내고 그들에게 충격을 주기 위해서는 때로 그런 기술이 필요하다. 그러나 그것은 아주 가끔씩만 사용해야 하는 카드이다. 이 편지의 힘은 링컨이 평소에 이러한 수사학적 기법을 사용하는 사람이 아니었다는 점에서 나온다. 만약 부엘 장군이 평소 링컨의 이런 감정과 표현들을 자주 마주쳤던 사람이었다면 효과가 크게 반감되었을 것이다.

구체적이고 세심한 배려의 기술

뛰어난 리더십을 보여준 링컨의 또 다른 능력은 부하들로 하여금 정중하게 논쟁에 참여하도록 독려했다는 점이다. 그러면서도 그들이 직면한 문제에 대해 이성적인 태도를 잃지 않도록 하는 능력이 있었다. 아주 작은 문제까지도 파악하고 배려하고 있음을 보여줌으로써 링컨은 자신에 대한 그들의 신뢰를 높일 수 있었다. 링컨은 부하들의 사소하고 일상적인 걱정마저 진심으로 이해하고 심지어 몇 백 마일 떨어진 곳에서 그들이 벌이고 있는 전투 전략에 대해서도 이해하고 있었다.

고등학교 수학 시간에 방정식 문제의 풀이절차를 순서대로 보여주라고 선생님께서 요구한 적이 있을 것이다. 단순히 'X = 12'라고 말하는 것으로는 충분하지 않다. 어떻게 그런 결과가 나왔는지 세세하게 보여주어야 한다. 이와 똑같은 원리가 사람들을 관리하는 데에도 적용된다. 아무런 설명 없이 무작정 명령을 내리지 않고 왜 B안이 아니라 A안으로 결정했는지 시간을 들여 직원들에게 설명하는 일은 매우 중요하다. 이를 통해 직원들은 당신의 주장과 회사에 돌아올 잠재적인 이익을 이해할 수 있다. 이것은 모든 결정 사항을 설명하고 사소한 변화에 대해서도 정당화하라는 의미가 아니다. 하지만 위험도가 큰 결정을 할 경우 모든 위험에 대해 당신이 이해하고 있음을 그들에게 알려라. 또한 상황을 주도적으로 통제하고 있다는 것을 조금이라도 보여주면 그들의 우려는 잠잠해질 것이다.

친애하는 장군님,

"각하와 맥클렐런 장군의 편지를 받았습니다. 그리고 즉시 각하와 맥클렐런 장군의 의견에 진심으로 모든 힘을 쏟겠습니다"라는 장군의 긴급서신을 어제 받았습니다. 아무리 걱정스러워도 저는 맥클렐런 장군의 편지를 보지 않았고 또 보여달라 장군께 요청하지도 않았습니다. 저는 제 견해를 명령으로 제안한 것이 아니었으며 지금도 명령하는 것이 아닙니다. 저는 장군이 그 점을 존중하고 고려해주시는 것이 매우 고마울 따름입니다. 하지만 장군 자신의 분명한 판단으로는 따르기 어려웠을 그 견해에 무심코 따른다면 저는 장군을 책망할 것입니다. 맥클렐런 장군의 견해에 대한 장군의 의무는 저보다 장군이 더 잘 알고 있을 것입니다.

이런 전제 아래 저는 이 전쟁에 대한 제 일반적인 생각을 말씀드리겠습니다. 저는 이 전쟁에서 우리가 더 많은 군인을 가지면 가질수록 적들은 우리의 취약 지점에 병력을 집중할 수 있는 기회를 갖게 되리라 생각합니다. 우리는 그들을 압도할 수 있는 유리한 전략을 찾아야 합니다. 우세한 병력으로 동시에 다른 지점을 위협한다면 가능할 것입니다. 만일 적에게 아무런 변화가 없다고 가정할 때 이 방법으로 안전하게 하나 혹은 두 지점의 병력을 공격할 수 있습니다. 만약 적이 한 쪽의 병력을 강화하기 위해 다른 한 쪽을 약화시킨다면 강화된 쪽을 공격하는 것을 보류하고 약화된 쪽을 공격하면 더욱 많은 것을 얻을 수 있지 않을까요?

예를 들어 설명하자면 지난 여름 윈체스터^{Winchester}군이 매나서스^{Manassas}를 보강하기 위해 이동했을 때 우리는 매나서스를 공격하지 않고 윈체스터군을 점령했습니다. 비판을 위해서가 아니라 오로지 설명을 위해 이 사건을 예로 들어 설명하는 것입니다. 저는 맥도웰^{McDowell}에 대한 신임을 버리지 않았습니다. 그리고 저는 패터슨^{Patterson}에게는 다른 사람보다 너그럽게 대합니다. 제가 제안하는 이런 일반적인 규칙을 적용하는 데 모든 특정 케이스는 수정된 사실에 기반해야 합니다. 그 중에서도 가장 충족시키기 어려운 것은 적의 동태에 대한 완벽한 정보 요구입니다. 이것이 불런 사건^{Bull-Run case}의 한 원인입니다. 하지만 이번 경우에 있어 더 심각한 것은 소집된 병력의 3개월 계약 기간이 만료되었다는 것입니다.

이 원리를 장군의 경우에 적용한다면 제 생각은 당신이 볼링그린^{Bowling Green}과 동부 테네시를 위협하는 동안 할렉 장군이 콜럼버스

Columbus를 위협하고, '강을 따라 내려가는' 것입니다. 만약 적이 볼링그린에 집결할 경우 적의 최전방에서 후퇴하지 마십시오. 그러나 그곳에서 싸우지 말고 볼링그린에서의 대치 상태를 유지하면서 콜럼버스와 동부 테네시 하나 혹은 둘 다를 점령하십시오. 동부 테네시는 상태가 그리 좋지 않은 길로 이루어져 있음을 장군께서도 잘 헤아리고 있으리라 믿습니다. 하지만 그 점은 저 또한 크게 염려하는 부분입니다.

— 돈 C. 부엘 장군에게 보낸 편지(1862년 1월 13일)

이 편지는 모든 관리자들의 사무실에 걸려야 마땅하다. 언젠가는 생각을 정리해서 직원들에게 명료한 지시사항을 전달하려고 애를 쓰는 경우가 생길 것이다. 그때 "장군 자신의 분명한 판단으로는 따르기 어려웠을 그 견해에 무심코 따른다면 저는 장군을 책망할 것입니다"와 같은 링컨의 멋진 충고와 전략적 지혜를 살펴보라. 두 번째 문단에서 링컨이 자신의 '전투 철학'이라고 명명할 수 있는 것에 대해 어떻게 상세하게 설명하고 있는지 살펴보라. 또한 핵심을 찌르는 구체적 사례로 다소 추상적인 생각을 어떻게 뒷받침하고 있는지도 말이다.

또한 부엘 장군이 이 편지를 읽고 나서 어떻게 느꼈을지 상상해보라. 문제를 과장하지 않고 자신의 장교에 대한 신뢰를 유지하는 것이 링컨에게는 가장 중요한 일이었다. 그는 자신이 백악관에서 안전하게 몸을 숨기고 있는 동안 그들이 매일 극심한 스트레스를 받고 있음을 알았다. 그래서 자신이 그들과 온전히 의사소통을 하려면 완벽한 수위 조절을 해야만 했다. 그렇지 않을 경우 냉담하고 무관심한 통치자처럼 보였을 테니까. 부엘이 링컨의 편지를 읽은 후에 사기충천 된 것을 상상할 수 있는가? 최고 명령권자에 대한 그의 믿음은 높아졌을까? 아니면 약화되었을까? 링컨이 구체적으로 설명한 전략에는 동의하지 않는다 할지라도 대통령이 실질적으로 생각하는 것이 무엇이며 자신에게 기대하는 바가 무엇인지는 확실히 알았을 것이다.

묵살할 것인가 설득할 것인가

전쟁기간 동안 링컨이 직면한 또 다른 문제는 그의 지휘관들의 터무니없는 제안들을 그들의 사기를 떨어뜨리지 않고 거절하는 것이었다. 앞서 본 것처럼 링컨과 군대 지휘관 사이에는 많은 편지들이 빠르게 오고갔다. 오늘날에는 이해하기 힘든 방식으로 링컨은 매일 전쟁 계획을 세우고 수정해야 했다. 하지만 전투지역과 백악관 사이의 이러한 공개된 통신망은 약점을 가지고 있었다. 링컨은 동시다발적인 질문에 시달려야 했고 자신의 명령에 대한 불만에 직면했으며 어리석은 제안에도 적절히 대응해야 했다. 모든 사람은 각자 의견을 가지고 있었고 또 그들은 링컨에게 자신의 의견을 편지로 보냈던 것이다.

회사의 임원들도 똑같은 딜레마에 봉착한다. 건강한 회사는 직원들에게 개선과 성장을 위한 창의적인 아이디어들을 제안하라고 권장한다. 하지만 아무 쓸모도 없는 아이디어만 넘쳐난다면 어떤 일이 벌어지겠는가? 그 아이디어 제공자에게 불쾌감과 좌절감을 주지 않으면서 그 아이디어 자체만을 깨끗하게 거절할 방법이 있을까?

링컨은 1862년 말 나다니엘 뱅크스(Nathaniel Banks) 장군이 실행하기 어렵고 비용만 많이 드는 아이디어를 제안했을 때 그런 위험을 헤쳐나가야 했다. 이 편지에서는 분명 실망한 링컨이 쓸데없는 일을 착수하려고 하는 장교를 질책하고 있다. 자, 편지 속으로 다시 들어가보자.

친애하는 뱅크스 장군님,

지난 주 초 장군은 지난 주말이나 이번 주초에 장군의 원정대와 함께 떠날 것을 확신하며 돌아갔습니다. 벌써 이번 주말이 다 되었고 저는 장군이 작성한 보급품 조달명령서를 보고 무척 놀라고 당황했습니다. 그것은 대단히 무모하며 두 달이 아니라 한 시간 만에 발송된 것이었습니다. 저는 이것이 장군도 결코 본 적이 없는, 장군이 작성한 진본이 아니길 희망하면서 해당 조달명령서의 사본을 동봉합니다.

친애하는 장군님, 이렇게 무모한 계획과 불필요한 것들에 대한 고려는 지금까지 우리를 수없이 위기의 구렁텅이로 몰아넣었습니다. 이 계획을 포기하지 않는다면 우리는 결국 전멸하고 말 것입니다. 만약 장군이 이 조달명령서의 모든 품목을 소지하고 또 필요한 가축들과 그들을 위한 사료를 가지고 부두로 나간다면 2주가 지나도 2만 명의 군인들은 물론이고 이 모든 것을 함께 운반할 군함조차 얻지 못할 것입니다. 군함을 얻는다 하더라도 2주 내에 모든 짐을 배에 실을 수 없을 것입니다. 결국 어디로 간다 하더라도 이것들은 쓸모가 없을 것입니다.

장군이 저를 떠날 때는 이런 생각이 없었습니다. 장군의 말씀처럼 장군은 그렇게 빨리 떠나게 될 줄 기대하지도 기대할 수도 없던 점을 저는 알고 있습니다. 장군이 전에 가지고 있었던 계획으로 다시 돌아가십시오. 그렇지 않으면 장군의 원정은 출발하기도 전에 실패할 것입니다. 연방의회가 열리기 전에 떠나야만 합니다. 어디로 가든 다른 목적으로 쓰일 수 없는 가축들의 사료를 운반하기 위해 수천 대의 마차를 조달하겠다는 계획은 포기하는 것이 좋겠습니다. 또한 그 마차와 가축들을 돌보기 위해 필요한 2천 명의 군인들을 데려 가겠다는 계획도 취소하길 바랍니다. 그들은 매우 훌륭한 군인들이니까요.

친애하는 장군님, 이 편지가 일부러 거절을 위한 목적으로 보내는 것이 아님을 알아주십시오. 오히려 그 반대입니다. 이 조달명령서를 아무 생각 없이 작성한 것은 장군을 몰락시킬지도 모릅니다.

― 나다나엘 뱅크스 장군에게 쓴 편지(1862년 11월 22일)

링컨은 그의 불쾌감을 숨기지 않았다. 하지만 뱅크스의 직책을 감안하고 존중하는 방식으로 거절함으로써 충격을 완화하려 애썼다. 실제로 링컨은 뱅크스를 그의 어처구니없는 계획의 함정으로부터 구해내려 한 것이다. "이 조달명령서를 아무 생각 없이 작성한 것은 장군을 몰락시킬지도 모릅니다."

하지만 단순히 뱅크스의 계획을 거절하는 것으로는 충분하지 않았다. 링컨은 다시 '그런 결론을 이끌어낸 과정을 제시'했고 자신의 논리를 설명했다. 뱅크스는 아마도 이 편지를 읽었을 때 기분이 나빴을 것이다. 하지만 링컨의 논리적인 설명은 의심할 것도 없이 그의 결정을 더 수월하게 받아들이도록 했을 것이다.

성공적인 회사의 임원들이 직장에서 매일 직면하는 문제들의 유형은 끝이 없을 것이다. 하지만 우리가 이상에서 본 것과 같이 명료한 커뮤니케이션과 자신의 결정을 기꺼이 설명하려는 태도는 조직과 기업이라는 함대가 장거리 항해에서 올바른 방향으로 매진하도록 도와줄 것이다. 또한 승무원들이 반란을 일으키지 않도록 막아줄 것이다!

12

링컨은

부하들에게 기꺼이 기회를 주었다

어떤 것은 결코 변하지 않는다. 예를 들어 적어도 직원 한 명쯤은 항상 상사의 결정에 동의하지 않으리라는 것을 예상할 수 있다. 마찬가지로 남북전쟁 동안 링컨에게 불평하는 장군들이 군 내부에도 분명 있었다. 링컨의 직속 장군들은 종종 그의 전략적인 결정에 동의하지 않았다. 남북전쟁이라는 위기 상황에서 링컨이 느꼈을 압박을 상상할 수 있는가? 링컨은 국가의 미래를 좌우할 수도 있는 여러 주들과의 전쟁에서 승리하고자 했다. 장군들은 그의 판단에 의문을 제기했고 당연히 링컨은 그들을 버리지 못하고 힘든 길을 가야 했다. 링컨은 자신의 장군들을 비난하거나 "내 뜻대로 하든지 아니면 그만 두든지"와 같은 도널드 트럼프식 최후통첩을 보내지도 않았다.

물론 그럴 수밖에 없는 이유가 있었다. 그 당시는 치열한 전쟁 중이었고 훌륭하고 경험 많은 장군들을 주위에 두기가 쉽지 않았다. 만일 링컨이 자신의 의견에 반대하는 모든 군인을 해임했다면, 병사들은 말할 필요도 없고 장교들의 사기마저 곤두박질쳤을 것이다.

다음은 연방군의 다음 이동에 대해 입장을 달리하는 맥클렐런 장군에게 링컨이 쓴 편지다.

친애하는 장군님,

장군과 저는 포토맥^{Potomac} 군대의 다음 이동경로에 대해 전혀 다른 견해를 가지고 있습니다. 장군의 의견은 체사피크^{Chesapeake}를 따라 내려가다 래파하녹^{Rappahannock}을 올라가 어바나^{Urbana}로 가서 요크 강$^{York\ River}$의 철로까지 대륙을 가로지르는 것입니다. 반면에 제 의견은 매나서스^{Manassas}의 남서쪽 철로 지점까지 곧장 이동하는 것입니다.

만약 장군이 다음 질문들에 대한 만족스러운 답변을 해주신다면 저는 기꺼이 제 계획을 포기하고 장군의 계획에 따를 것입니다.

첫째, 장군의 계획이 제 계획보다 더 많은 시간과 비용을 필요로 하지는 않나요?
둘째, 장군의 계획이 제 계획보다 승리할 확률이 높은가요?
셋째, 장군의 계획이 제 계획보다 더 값진 승리를 할 수 있는지요?
넷째, 제 계획은 적의 주요 통신망을 파괴하는 것인 데 반해 장군의 계획은 그렇지 않습니다. 두 계획의 가치가 똑같을까요?
다섯째, 실패할 경우 제 계획보다 장군의 계획이 철수하기 더 어려운 것은 아닌지요?

- 맥클렐런 장군에게 보낸 편지(1862년 2월 3일)

링컨은 부하의 말에 기꺼이 귀를 기울이려는 모습을 보여주었다. 편지 서두에서 그는 상황을 다음과 같이 정의했다. "장군과 저는 포토맥 군대의 다음 이동경로에 대해 전혀 다른 견해를 가지고 있습니다." 그리고 만약 맥클렐런 장군이 자신의 주장이 더 옳다고 증명한다면 그의 계획에 따르기로 동의했다. 이로써 링컨은 대다수 상사들이 엄두도 못낼 결단을 보여주었다. 이것은 링컨에게 책략이나 위선이 아니었다. 맥클렐런이 시도할 수 없거나 입증 불가능한 테스트를 제안한 것도 아니었다. 그는 단순하고 타당하면서 신중히 생각해야 할 질문들을 한 것이다.

감히 대통령의 의견에 반대한다고 해서 링컨이 맥클렐런 장군에게 비난을 퍼붓지 않았음에 유의하라. 그는 부하인 장군의 의견에 귀 기울이고 존중했다. 사무실은 종종 팽팽한 긴장의 장소가 되기 쉬운데, 대부분의 관리자들은 고함을 치며 명령을 내리고 그 결과에 대해서는 신경 쓰지 않는다. 하지만 링컨은 이런 특별한 상황이 초래할 위험을 충분히 고려했다. 사실 전문적 지식과 기술이 필요한 위기의 순간에 어떤 직원은 상사들보다 더 중요하다. 그런 상황에서는 부하직원이라기보다 파트너로 대할 필요가 있다.

 링컨은 이것이 자존심에 대한 문제가 아니라는 점을 명확히 이해하고 있었다. 그는 맥클렐런에게 이제 그만 불평하고 자신의 명령에 따르라고 이야기할 수도 있었다. 그렇게 하면 대통령은 최고 권력자로서 달콤한 만족감을 느낄지도 모른다. 하지만 거기에서 끝이다. 그것은 나중에 더 끔찍한 결과를 가져올 수도 있다. 링컨은 완벽한 야전사령관형 지도자는 아니었지만, 큰 그림을 보는 시각을 유지하면서도 작은 것에도 세세한 관심을 잃지 않았다.

13 링컨은

실수를 인정하고 부하를 돋보이게 했다

부하 직원에게 자신의 실수를 인정하는 것보다 더 힘든 일은 없다. 링컨은 다른 사람과 마찬가지로 때때로 자신의 자존심을 꺾어야 했다. 하지만 품격과 품위를 잃지 않고 어떻게 그렇게 할 수 있을까? 그가 율리시스 S. 그랜트 Ulysses S. Grant 장군에게 쓴 다음의 짧은 편지를 살펴보라.

친애하는 장군님,

제 기억으로는 장군을 개인적으로 만난 적이 없습니다. 저는 장군이 국가를 위해 수행한 매우 귀중한 업적을 치하하기 위해 기쁜 마음으로 이 편지를 씁니다.

여기에 한 마디 더 덧붙이고자 합니다. 장군이 빅스버그^{Vicksburg} 부근에 처음 도착했을 때부터 저는 장군의 작전수행을 의심하고 다르게 생각했습니다. 즉, 그 좁은 협곡을 가로질러 기병중대를 행군시키고 수송부대와 함께 포병중대는 아래로 내려가는 것이었습니다. 장군이 더 잘 알다시피 저는 야주 패스 원정대$^{Yazoo\ Pass\ expedition}$와 기타 군대가 성공하기를 기원하는 것 이외 할 수 있는 일이 없었습니다. 장군이 내려가서 포트 깁슨$^{Port\ Gibson}$, 그랜드 걸프$^{Grand\ Gulf}$와 그 일대를 점령했을 때, 저는 장군이 강을 더 내려가서 뱅크스 장군과 합류해야 한다고 생각했습니다. 또한 장군이 빅 블랙$^{Big\ Black}$ 동부의 북쪽으로 향했을 때, 그것은 실수가 아니었나 염려했습니다. 지금은 귀하가 옳았으며 제가 틀렸다는 사실을 인정하는 바입니다.

- 그랜트 장군에게 보낸 편지(1863년 7월 13일)

링컨은 실수를 인정하고 부하를 돋보이게 했다

상사가 부하 직원에게 또는 다른 사람에게 할 수 있는 가장 용감한 표현은 "당신이 옳고 내가 틀렸다"라는 말이다. 짧지만 감동을 주는 이 편지를 받고 난 후 링컨에 대한 그랜트의 충성심은 더욱 견고해졌을 것이 틀림없다. 링컨의 인정은 겸손한 태도 그 이상이었다. 그것은 장군에 대한 신뢰와 존경의 표시였다.

링컨이 어떻게 짧지만 핵심을 짚어내는 편지를 썼는지 살펴보자. 링컨은 한때 그랜트의 판단을 의심했다는 사실을 그럴듯한 말로 꾸며 숨기려 하지 않았고, 자신의 이전 의견을 변명하려 노력하지도 않았다. 그의 어조는 방어적이지 않았으며 있는 그대로를 꾸밈없이 정직하게 드러냈다. 앞의 편지에서 살펴본 대로 익숙하지 않은가? 전달하고자 하는 메시지가 중요할수록 그는 있으나 마나 한 수식어를 최대한 자제해 사용했다.

누군가는 링컨이 서두에서 그랜트 장군의 결정에 대해 자신의 믿음이 부족했음을 왜 인정했는지 의아해할지도 모른다. 그것이 만약 혼자서 생각한 내용이라면 굳이 밝혀서 자신의 권위와 판단력에 흠집을 낼 필요가 없지 않은가! 아무도 그 일에 대해 알지 못했다면 왜 자신이 틀렸다는 사실을 인정했을까? 링컨이 이 편지를 쓴 목적은 그랜트 장군의 결정과 성공적인 작전 수행을 치하하고 격려하는 것이다. 장군에 대한 칭찬과 격려를 더 극대화하기 위해 자신의 오판과 미심쩍어했던 태도를 미리 언급했던 것이다. 매일 치열한 전투에 임하는 장군에게 이보다 더 멋지고 힘이 절로 솟는 격려 편지가 있겠는가? 링컨은 자신의 실수를 부하 장군의 업적을 돋보이게 하는 데 기꺼이 활용한 것이다.

링컨이 아무런 계획 없이 그런 편지를 쓰지 않았음에 주목하라. 물론 링컨이 마음속으로 예하 장교의 결정에 의심을 품었을 때마다 일일이 사과편지를 쓰지는 않았다. 만약 그렇게 했다면 그의 권위와 평판은 심각하게 훼손되었을 것이다. 부하 직원에게 자신의 실수를 인정하는 것은 드문 일이기에 그만큼 강력한 효과를 발휘한다.

14 링컨은

부하의 오만함에 효과적으로 대처했다

관리자에게 제일 부담스러운 것 중 하나는 바로 자신의 직원을 질책하는 일이다. 상대방에게 가학적으로 대하는 것을 즐기지 않는 한 대부분 우리는 그런 상황을 피하고 싶어 하는 편이다. 그러나 불가피하게 부하 직원을 질책해야 한다면? 행복하고 생산적인 팀원으로 계속 일할 수 있도록 배려하면서 훈계할 때는 미묘하고도 섬세한 균형을 유지해야 한다.

남북전쟁 중에 링컨은 종종 장교들을 질책해야 할 순간들과 마주쳤다. 다행히 대부분의 편지가 아직 남아 있어서 긴박하고 괴로운 상황 속에서 의견의 차이를 조율했던 링컨의 지혜를 배울 수 있다.

친애하는 몰턴에게

헌병사령부의 상급 장교들이 귀관을 상대로 많은 불만을 제기하였습니다. 또한 '반복되는 명령불복종과 의무태만'을 이유로 귀관을 해임해야 한다는 주장도 강하게 나오고 있습니다.

그러나 저는 귀관의 그런 행동이 모두 애국심에서 비롯되었다고 확신합니다. 이번 일로 저는 지금까지 귀관에 대해 갖고 있던 개인적 존중과 존경심에 반대되는 엄격한 조치를 취할 생각은 없습니다. 귀관이 귀관의 작전 지역에서 지금까지 해온 수고를 생각하면 저는 그 모든 것을 잃고 싶지 않기 때문입니다. 다만 다른 장교들 사이에서 의견의 차이가 발생할 경우 상급 장교의 말에 복종해야 한다는 사실은 재론의 여지가 없습니다. 귀관 역시 저와 마찬가지로 이 원칙의 중요성을 명확히 알고 있으리라 생각합니다.

저는 귀관이 헌병사령부의 명령에 따라 현재 귀관의 자리로 돌아가길 희망합니다. 답장을 부탁합니다.

– 몰턴에게 보낸 편지(1863년 7월 31일)

이 편지에서 링컨은 반항하는 하급 장교를 다루기 위해 아주 기술적인 수사^{rhetorical} 전략을 사용했다. 처음부터 링컨은 이 상황을 "그들은 내가 당신을 제거하길 원하지만 나는 당신에게 한 번의 기회를 더 주겠어"라는 틀 안에서 설명하려고 했다. 다른 말로 하면 링컨은 그를 비판할 이유를 찾는 대신 오히려 몰턴이 기댈 수 있는 최후의 보루라는 사실을 은근히 알렸다. 그는 또한 몰턴의 인격을 존중했다. "저는 귀관의 그런 행동이 모두 애국심에서 비롯되었음을 확신합니다." 몰턴은 분명 상급자의 명령에 불복종함으로써 자신이 옳은 일을 하고 있다고 생각했을 것이다. 링컨은 그의 동기를 칭찬하면서 한편으로는 그의 행동을 비판함으로써 부분적으로 그에게 동의하는 형식을 갖춘 현명함을 택했다. 또한 그렇게 함으로써 "상급 장교의 말에 복종해야 한다"는 자신의 주장도 강하게 피력했다.

이제 링컨이 어떻게 쓸데없는 말로 시간과 에너지를 허비하지 않고 핵심을 전달하는지 살펴보자. 그는 편지의 서두에서 현재 상황에 대해 설명한 후 바로 본론으로 들어갔다. 링컨이 헌터Hunter 장군에게 보낸 다음 편지에서 이와 같은 테크닉을 볼 수 있다.

친애하는 장군님께,

장군의 23일자 편지를 받았습니다. 그렇게 불쾌한 편지에 대해 기쁜 마음으로 답장하기가 어렵다는 말씀을 드립니다. 장군께서 넌지시 암시한 대로 장군에 대한 저의 신뢰는 많이 떨어졌습니다. 이것은 레번워스Levenworth로 발령되기 전까지 장군이 보여준 행동이나 근무태만 때문이 아닙니다. 그 이후로 장군이 제게 보낸 불평으로 가득 찬 전보와 편지 때문입니다.

저는 모든 일이 다 결정된 후에 장군이 레번워스로 발령되었다는 사실을 알았습니다. 단언하건대 그 명령은 제가 아는 한 장군의 체면과 감수성을 배려한 명령이었다고 생각합니다. 장군이 느끼는 것처럼 "자존심이 상하고, 모욕당하고, 불명예를 느낄" 만한 것이 아니었습니다. 또한 지금까지 장군을 제외하고는 그 누구로부터도 장군이 부당한 취급을 받았다는 내용에 대해 들은 바가 없습니다. 장군이 스프링필드Springfield에서 퇴각한 것과 카메론Cameron 장군에게 제공한 정보에 대해 누구도 비난하지 않습니다. 만약 장군이 레번워스로 가게 된 것이 어떤 실수에 대한 처벌이라고 생각하지 않는다면 이것을 쉽게 이해할 수 있을 것입니다.

저는 장군에게 배정된 직책이 부엘Buell에게 부여된 것과 똑같이 책임 있고 명예로운 자리라고 생각합니다. 맥클렐런 장군은 그것보다 더 중요한 결과를 기대했다는 사실을 알고 있습니다. 제가 느낀 바로는 장군이 새로운 서부 지역으로 배정될 그 시기에 켄터키의 서면 장군의 교체는 확정되지 않았었습니다. 다른 사람들처럼 켄터키의 사령부가 매우 좋고 더 먼 서부지역은 그렇지 않다는 생각을 저는 해본 적이 전혀 없습니다.

장군은 겨우 3000명만을 지휘하는 곳으로 배치되었다고 계속 불평합니다. 하지만 이것은 단순히 장군의 조급함이 아닌지요? 곧 네다섯 배 정도 많은 수를 지휘하게 될지 누가 알겠습니까? 장군의 변함없이 좋은 친구로서 제가 감히 제안하건데 장군은 지금 스스로를 괴롭히고 있습니다. "자신이 맡고 있는 일을 잘 수행하십시오. 모든 명예는 거기에서 나옵니다." 한 개 연대의 지휘관으로서 위대한 일을 해내는 사람이 그보다 훨씬 더 큰 사단의 지휘관으로서 아무것도 하지 못하는 사람보다 낫습니다.

―헌터 장군에게 보낸 편지(1861년 12월 31일)

이 편지에서 링컨이 보여준 접근 방식은 매우 흥미롭다. 그는 더할 나위 없이 솔직하다. 그는 이 편지에서 고위 장교를 대하고 있기 때문에 하급 장교와 서신을 교환할 때보다 더 개인적인 어조를 선택했다. 하지만 이런 개인적 접근 또한 헌터 장군의 방심을 틈타는 고도의 전략이거나, 링컨 자신이 동의할 수 없는 심각한 상태를 납득시키려는 기술이다. 링컨은 자신이 이성을 잃지는 않았지만 헌터에게 다소 화가 난 상태 이상임을 명확히 했다.

앞서 살펴본 몰턴에게 보낸 편지에서 링컨은 화난 펜대를 진정시키고 상처받은 영혼을 회복시키려고 노력했다. 하지만 이 편지에서 링컨의 의도는 완전히 다르다. 유쾌한 말이나 유머의 흔적을 찾아볼 수 없다. 그는 헌터의 기분이 나아지도록 만들기 위해 노력하지 않았다. 즉 링컨의 어조는 편지의 목적과 주제에 맞게 좀더 심각하고 무겁다.

누구나 이러한 원칙과 거리가 멀게 행동하는 사람과 함께 일한 경험이 있을 것이다. 2천만 달러를 책임지고 있는 상사가 사무용품을 너무 많이 쓴다며 이성을 잃고 화를 내는 경우가 있다. 직원과 관련된 주요 문제나 중요한 프로젝트에 대해서는 모른 체하던 관리자가 회의실의 새 커튼을 고르는 데 몇 시간을 허비하는 경우도 있다. 게다가 사소하고 개인적인 비판으로 부하 직원을 눈물 흘리게 하는 상사도 있다.

상황에 맞지 않는 전략은 부조화 그 자체이다. 이러한 현상이 회사 전체에 만연할 수 있다. 한마디 말이나 작성중인 이메일이 전달하고자 하는 주제의 심각성과 확실히 조화를 이루기 위해서는 절제와 고찰이 필요하다.

링컨은 때를 아는 사람이었다. 언제 가벼운 접근이 필요한지 언제 확고한 어조가 필요한지 알고 있었다. 그는 진실을 사탕발림하고자 하지 않았다. 헌터 장군의 경우처럼 좋지 않은 상황에서 그 진실이 얼마나 불편하든 간에 그는 솔직하게 말할 용기를 가지고 있었다. 있는 그대로 진실을 말하는 링컨의 능력은 1862년에 맥클렐런 장군에게 보낸 편지에서 확인할 수 있다. 그는 다시 한 번 불만에 찬 장군을 다루어야 할 상황에 처한 것이다.

친애하는 장군님,

제대로 대접 받지 못하고 있다는 장군의 전보는 불쾌하지는 않지만 저를 무척 고심에 빠지게 합니다. 블렝커^{Blenker} 사단은 장군이 이곳을 떠나기 전에 장군 예하로부터 철수했습니다. 압력에 마지 못해 동의하고 제가 명령했다는 것을 장군은 알고 있습니다.

장군이 떠난 후에 장군이 계획했던 워싱턴과 매나서스 교차지역 방어를 위해 떠날 2만 명 이상의 조직화되지 않은 사람들을 한 개의 포병중대도 없이 확정했습니다. 이들 중 일부는 후커 장군의 옛날 진지에 가기로 정해졌습니다. 일찍이 매나서스 교차지역에 배치되기로 한 뱅크스 장군의 군단은 반으로 나뉘어 윈체스터와 스트라스버그Strasburg의 방어선에 합류했습니다. 그들은 위쪽의 포토맥과 볼티모어Boltimore 그리고 오하이오 레일로드Ohio Railroad에 또 다시 노출되지 않고는 그곳을 떠날 수 없게 되었습니다. 이것은 맥도웰과 썸너가 가야할 때도 그렇겠지만 적으로 하여금 래파하녹으로 돌아와 워싱턴을 격파하도록 유인했습니다. 전체 군단의 지휘관들의 견해에 따라 워싱턴 군단 전체가 반드시 안전하게 지켜져야 한다는 제 명령은 무시되었습니다. 이로 인해 저는 맥도웰을 가지 못하도록 붙잡은 것입니다.

저는 매나서스 교차지역에서 뱅크스를 떠나기로 한 장군의 계획에 무척 만족했었던 순간을 잊지 못합니다. 하지만 이런 계획들이 무산되고 그 계획이 아무런 대안 없이 방치되고 있을 때 저는 실망했습니다. 그리고 제 스스로 그것을 어떻게 해야 하나 생각하지 않을 수 없었습니다. (중략)……

다시 한번 장군께서 전력을 다해야 한다는 점을 말하고 싶습니다.

저는 이 일에 있어서는 아무런 힘도 없습니다. 저는 여러 차례 매나서스 또는 그 근처에서 싸우는 대신 전투지를 찾기 위해 해안선을 따라 내려가는 것은 오직 위치의 이동일 뿐 어려움을 극복하는 것은 아니라고 말씀드렸습니다. 그리고 어느 쪽에서도 똑같은 적과 똑같은 수준의 보루를 발견하게 될 것이라고 주장했습니다. 이러한 사실을 기억하면 저에 대해 공정한 평가를 내릴 수 있을 것입니다. 참호에서 몸을 숨기고 있는 적을 향해 이동하는 것을 주저하는 것은 매나서스 이야기의 반복이라는 사실을 인식한다면 우리는 실패하지 않을 것입니다. 심사숙고한 끝에 그 어느 때보다도 더 온화한 심정과 장군을 지지하는 마음으로 이 편지를 쓰고 있음을 알아주시길 바랍니다. 하지만 귀하는 반드시 행동해야 합니다.

링컨으로부터

- 조지 맥클렐런 장군에게 보낸 편지(1862년 4월 9일)

링컨은 칭찬과 질책을 동시에 섞어가며 예하 장교에게 나쁜 소식을 알리고 그 장교의 여러 문제점에도 불구하고 계속해서 업무를 수행하도록 격려하고 있다. 다음은 아주 고전적인 사례로 포춘이 선정한 500대 기업의 모든 CEO가 반드시 읽어야 할 내용이다. 링컨은 짧은 문장으로 장군 중 한 명을 고속 승진시키면서 그가 고쳐야 할 부분이 있음을 말해주고 있다.

장군님,

저는 장군을 포토맥 군단의 지휘관으로 임명하였습니다. 이런 결정을 내린 데는 충분한 이유가 있습니다. 하지만 제가 아직 장군께 만족하지 못한 점이 있다는 것을 알려드리는 것이 좋겠다고 생각합니다.

장군은 제가 좋아하는 매우 용맹하고 능력 있는 군인입니다. 또한 장군이 정치적으로 어떤 야심도 갖고 있지 않다는 것도 알고 있습니다. 이것은 군인으로서 매우 적절하고 훌륭한 일입니다. 장군은 지나치지만 않다면 매우 소중한 자질인 자신감이 있습니다. 또 합리적인 선만 지킨다면 해가 되기보다는 유익한 야심도 가지고 있습니다. 하지만 번사이드Burnside 장군이 군단을 지휘하는 동안 장군의 야심은 번사이드 장군을 힘들게 했습니다. 이것은 국가 전체에 대한 명백한 과오이며 또한 가장 위대하고 명예로운 동료에 대한 잘못이었습니다.

최근에 장군이 군대와 정부 둘 다 독재자가 필요하다고 말한 것을 알고 있습니다. 물론 그 일이 이번 임명에 결코 도움이 되지 않았습니다. 그럼에도 불구하고 저는 장군을 승진시키는 명령을 내렸습니다. 작전을 성공적으로 수행한 장군들만이 절대 권력자가 될 수 있습니다. 제가 장군에게 요청하는 것은 군의 승리이고 필요하다면 절대독재라는 위험도 감수할 것입니다.

정부는 지금까지 그래왔던 것처럼 전력을 다해 장군을 지지할 것이며, 모든 지휘관들에게 똑같이 할 것입니다. 장군은 군 내부에 자신의 지휘관을 비판하고 그를 신뢰하지 않는 분위기를 조성했는데, 이제 오히려 그런 분위기가 장군을 힘들게 할까 두렵습니다. 저는 할 수 있는 한 장군을 도와 그러한 분위기가 사라지도록 할 것입니다. 장군뿐만 아니라 나폴레옹이 지금 살아 있다 해도 그러한 분위기가 지배적인 군대에서는 좋은 결과를 이루어낼 수는 없을 것입니다.

그리고 이제 성급함을 경계하십시오. 성급함을 경계하되 에너지를 가지고 항상 깨어 앞으로 전진하십시오. 그리하여 우리에게 승리를 가져다주십시오.

링컨으로부터

- 후커 장군에게 보낸 편지(1863년 1월 26일)

위 편지의 구조에 특별히 집중해보라. 첫 번째 문단에서 링컨은 '후커 장군이 승진되었다'는 긍정적인 부분과 '장군에게 만족하지 못하는 부분이 있다'는 부정적인 부분을 함께 나열했다. 이것은 대가답게 멋지게 구성한 서두이며 냉정한 현실을 알림으로써 후커의 들뜬 기분을 진정시키려는 목적이었다. 또한 링컨이 설명한 단점들을 후커가 극복하지 않는다면 승진을 철회할 수도 있다는 강력한 암시이기도 했다.

링컨은 계속해서 이렇게 양극을 오가는 패턴을 사용했다. 다소 신랄한 언급을 마친 후 두 번째 단락에서 후커의 심각한 단점(번사이드 장군을 힘들게 한 점)에 초점을 맞추기 전에 그의 훌륭한 자질을 열거함으로써 긍정적인 면을 부각시켰다. 그러고 나서 링컨은 그가 번사이드에게 보여준 무례한 행동이 부메랑처럼 자신에게 돌아올 수도 있다는 경고를 하기 전에 그의 경솔한 정치적 발언에 대해 나무라기 시작했다. "장군은 군 내부에 자신의 지휘관을 비판하고 그를 신뢰하지 않는 분위기를 조성했는데, 이제 오히려 그런 분위기가 장군을 힘들게 할까 두렵습니다."

여기서 링컨의 편지는 왜 이렇게 부정적이었을까? 누군가는 링컨이 아직 발생하지 않은 문제로 신임 지휘관을 혼란스럽게 하기보다 격려해야 한다고 주장할 수도 있다. 그러나 링컨의 목적은 후커 장군을 방해하거나 업무를 수행하기 전에 그의 명성을 훼손하려는 것이 아니었다. 오히려 그 반대이다. 링컨은 후커 장군이 성공하기 위해서는 그가 직접 초래한 잠재적인 위험을 인식해야 한다고 알려준 것이다.

링컨이 후커 장군에게 편지를 쓰면서 사용한 그 정직함은 상황의 중요성을 납득시키는 역할을 한다. 링컨의 편지를 읽고 나서 분명 후커 장군은 염려와 걱정을 하게 되었을지도 모른다. 이것이 바로 핵심이었다. 링컨은 적합한 이유를 들어 그를 두렵게 했다. 이것은 링컨이 부정적인 결과를 바라서가 아니라 군대 전략가로서 후커 장군의 자질이 치명적인 결함으로 인해 손상되지 않기를 원했기 때문이다.

직원이 승진할 때마다 또는 새로운 책임을 맡게 될 때마다 그는 자신의 능력에 대한 관리자의 생각을 알 필요가 있다. 그들은 상사로부터 솔직한 평가를 들을 자격이 있다. 링컨은 바로 그것을 알고 있었다.

15

링컨은

위로와 격려의 힘을 믿었다

남북전쟁을 시작하면서 링컨의 가장 큰 걱정은 엄청난 병참 작전의 선두에 서야 한다는 것이었다. 군대를 소집해야 했고, A지점에서 B지점으로 군수품을 운반해야 했으며, 수천 개의 상황들에 대해 즉각적인 조치를 취해야 했다. 모두가 극도의 긴장상태에 있었다. 그러한 혼돈의 시대에 링컨은 자신이 군대의 사기를 북돋워주기 위해 최선을 다해야 함을 알았다. 다음 두 개의 짧은 편지를 통해 솔직하고 확고한 충성심을 고취하고자 택한 링컨의 전략과 노력을 살펴보자.

친애하는 팍스 대위에게

섬터^{Sumter} 요새에 전투식량을 보급하려던 최근의 작전이 실패하여 대위에게 많은 곤혹스러움을 안겨주게 되어 진심으로 유감입니다.

대위의 계획은 실행가능성이 사실 검증되지 않았었습니다. 우리의 강한 열망에도 불구하고 이번 작전에서 가장 중요했던 예인선이 강풍으로 인해 육지에 닿지 못했습니다. 대위에게는 아무런 책임이 없습니다. 제가 책임을 져야 하는 그 상황으로 인해 대위는 예인선과 승선한 부하를 잃었습니다.

진심으로 말하건대 이번 작전실패로 대위를 절대 탓하지 않을 것입니다. 오히려 노력하는 가운데 발전된 대위의 자질을 높이 평가하는 바입니다.

위태로웠던 이번 작전 수행을 통해 대위는 내가 아는 사람들 중에서 가장 선택하고 싶은 한 사람이 되었습니다. 만약 대위와 나 모두 실패한다고 하더라도 섬터 요새에 양식을 공급하려는 시도 자체는 이 나라의 밝은 미래를 앞당기는 데 밑거름이 되리라 믿습니다. 그것이 바로 이번 결과의 가장 큰 의의이자 위로라고 생각합니다.

진정한 벗 링컨으로부터

- 팍스 대위에게 보낸 편지(1861년 5월 1일)

경쟁이 치열한 21세기의 비즈니스 현장은 링컨이 처했던 남북전쟁만큼이나 복잡하고 긴박한 순간들의 연속이다. 그리고 다양한 변수들이 수시로 등장했다 소멸하고 미처 예상하지 못한 위험들마저 지뢰밭처럼 널린 상황이라면 그 결과를 예측하기란 거의 불가능하다. 이런 상황에서 우리가 선택한 전략들이 예상을 빗나가 조직과 기업에 치명적인 결과를 초래했을 때 과연 누가 책임을 질 것인가? 실무자가 이미 깊은 절망 속에서 고개를 떨구고 있을 때 관리자들은 그들과 다른 모습을 보여줘야 한다. 같이 낙담해서도 안 되며 그들을 무작정 질책해서도 안 된다. 오히려 그들의 선택과 용기, 열정에 무한한 감동과 열정을 실어 보내줘야 한다. 그들은 이번 상황만을 위해 급조한 용병이 아니지 않은가? 장기적으로 더 큰 일을 해야 할 사람임을 잊어서는 안 된다.

링컨은 바로 그런 점에서 관리자로서 최고의 덕목을 갖추고 있었다. "위태로웠던 이번 작전 수행을 통해 대위는 내가 아는 사람들 중에서 가장 선택하고 싶은 한 사람이 되었습니다." 링컨은 이미 팍스 대위의 심정과 자질을 헤아리고 있었다. 앞으로 그를 더 큰 인물로 키우고 싶었던 자신의 바람을 표시하고 지난날의 뼈아픈 실패는 지나고 보면 별 일 아닐 테니 홀연히 털고 일어서라고 격려하는 것이다. 생각해보라. 링컨이 그를 무작정 질책했다면 그는 어떤 심리상태에 빠져 허우적거렸겠는가? 물론 링컨이 항상 이렇게 한없이 낙관적이고 자애로운 것은 아니었다. 다만 상황의 특수성, 심리 상태와 평소 지켜봐온 자질을 고려하여 그에게 가장 효과적인 처방을 내렸다고 보는 편이 옳다.

봄 선거유세가 시작되기 전에 장군을 다시 볼 수 있으리라 기대할 수 없습니다. 그래서 장군이 지금까지 해온 모든 업적에 대해 제가 이해하고 있는 한 매우 만족하고 있음을 이 편지를 통해 표현하고자 합니다.

장군의 구체적인 계획에 대해서 저는 잘 알지 못하며 알려고 하지도 않습니다. 장군은 빈틈이 없고 자신에 대한 확신을 가진 분입니다. 이 점에 대해 매우 만족하며 저는 어떤 구속이나 제한도 장군에게 강요하고 싶지 않습니다. 저는 커다란 실패를 피하고 다수의 우리 군인들이 생포되지 않기를 간절히 원하며 저와 마찬가지로 장군도 이 점에 유의하고 있음을 알고 있습니다. 만약 대통령으로서 장군에게 제공할 수 있는 것이 있다면 제게 알려주십시오. 하나님이 장군의 용감한 군대와 공명정대한 대의와 함께 장군을 보호해주시길 기원합니다.

- 그랜트 장군에게 보낸 편지(1864년 4월 30일)

부하 직원들은 당신이 그들을 얼마나 신뢰하고 있는지 아는가? 그들을 마지막으로 격려한 지 얼마나 오래되었는가? 시간을 갖고 부하 직원들에 대해 당신이 감탄하고 있는 자질들을 적어보라. 그리고 적당한 시기가 되면 그들에게 그 비밀을 알려라. 작지만 그 의미 있는 행동의 결과는 결코 실망스럽지 않을 것이다.

링컨은

16

커뮤니케이션의 목적과 목표에 충실했다

생각해보면 알렉산더 그레이엄 벨^{Alexander Graham Bell}이 1876년까지 전화기를 발명하지 않은 것은 다행이었다. 즉각적인 원거리 통신 수단이 없었던 만큼 그 시기에 선출된 미국 지도자들은 멀리 떨어진 곳에 연락을 취할 때마다 수많은 편지를 써야 했다. 당시는 전신기를 항상 사용할 수 있었던 것도 아니고 가능하다 하더라도 지역에 따라 활용이 불가능했기 때문이다. 그러나 한편 역사학자들에게는 운 좋게도 함부로 물건을 버리지 않는 선조들 덕택에 엄청난 양의 기록유산을 물려받을 수 있었다. 결과적으로 도서관과 박물관에는 조지 워싱턴과 벤 프랭클린^{Ben Franklin}의 시대로부터 전화와 컴퓨터의 등장으로 편지쓰기가 시들해지기까지 수천 편의 편지로 채워졌다.

이러한 편지들을 통해 우리는 헌법과 권리장전 그리고 국가 구조의 확립을 이끌어낸 민주주의의 원리가 탄생한 발자취를 따라가 볼 수 있다. 또한 그것을 쓴 사람들의 인품과 성격에 대한 새로운 통찰을 얻을 수 있다. 에이브러햄 링컨이 바로 그 표본이다. 그가 남긴 개인적이며 정치적인 몇 백 통의 편지를 며칠 동안 살펴보면 마치 링컨을 오랫동안 알고 지낸 것 같은 착각에 빠지게 된다. 1830년대 링컨의 젊은 시절부터 남북전쟁의 어두운 시기까지 그가 쓴 편지를 통해 품위 있고 차분하며 사려 깊은 결정을 내리는 그의 품성을 발견할 수 있다.

링컨이라면 오늘날과 같이 속도만능주의 사회에서는 어떻게 생활했을지 궁금해 하는 것은 당연하다. 그래서 여기서는 링컨의 문제해결 기술을 분석해보고, 그가 전쟁에서 승리할 때 사용했던 전략과 전술을 현대 비즈니스 환경에 접목해보고자 한다. 이를 통해 긴박하고 첨예한 순간의 의사결정뿐 아니라 직장에서 겪게 되는 동료와의 짜증나는 일상적 문제들을 성공적으로 처리할 수 있을 것이다.

링컨의 19세기적 접근방식을 이메일, 문자 메시지, 전화, 사무실 회의와 같은 커뮤니케이션 행동에 적용하기 위해서 알아두어야 할 것이 있다. 링컨이 1850년대에 자신의 연설, 편지에 사용한 수사학적 원리는 시대를 초월하여 오늘날에도 매우 유용하다. 현대인은 정신없이 말하고 컴퓨터 자판을 두드리며 수천 마일 떨어진 곳으로 즉시 전송되는 새로운 커뮤니케이션 스타일에 길들여져 있다. 그러나 상대적으로 누군가와 공감하며 무엇인가 중요한 것을 말하고 그것을 효과적으로 전달하는 기술은 잊고 산다.

불필요한 논쟁으로 타인의 감정을 상하게 하거나 자신의 경력을 해치지 않으면서 직장에서 원하는 것을 얻을 수 있는 커뮤니케이션 방식, 생각을 효과적으로 정리할 수 있는 유용한 비법이 있다.

나의 표현은 간단명료한가?

링컨의 글에서 발견할 수 있는 일관된 장점은 간결함^{conciseness}이다. 그의 편지는 완벽하게 초점이 맞추어진 카메라로 찍은 사진과 같다. 불분명한 경계도, 뚜렷하지 않고 흐릿한 피사체도 없으며 애매모호한 순간도 없다. 링컨이 격식 없이 단숨에 써 내려가서 가장 따라가기 힘든 편지 하나를 골라 읽어보라. 당신이 매일 주고받는 이메일이나 문자 메시지보다 이해하기 어렵다고 말할 수 있는가? 이 말이 무슨 뜻인지 알 것이다. 그 뜻을 짐작하기도 힘든 축약어와 머리글자만 딴 정체불명의 합성어에 고개를 갸웃거린 적이 있을 것이다. 또 사람들로 붐비는 거리를 따라 걷다가 휴대전화로 급하게 보낸 문자 메시지는 어떤가? 간혹 누군가가 당신에게 보낸 내용이 무슨 뜻인지 몰라 특별 암호해독기라도 마련하고 싶다는 생각을 한 적이 없는가?

링컨은 편지를 쓸 때 항상 자신이 원하는 것이 무엇인지를 알고 있었다. 매번 어떤 목적의식을 가지고 편지를 썼으며, 그때마다 바로 본론으로 들어갔다. 두서없지도 않고 주저하거나 망설이지도 않으며 의미 없는 상투적 표현도 없었다. 심지어 까다로운 문제를 언급할 때조차 처음 몇 문장 내에서 정면으로 그 핵심을 언급했다.

1839년 1월 26일자 편지의 서두를 살펴보자. 링컨은 자신이 친구를 배신했다고 비난하며 분노를 표출하는 편지를 동료인 윌리엄 버틀러William Butler로부터 받고 이에 답장을 썼다. 여기서 그가 얼마나 바로 문제의 핵심에 접근하면서 그 상황에 대한 감정을 분명하게 표현했는지 살펴보자.

친애하는 버틀러,

1월 21일에 자네가 쓴 편지를 방금 받았네. 자네가 그 편지를 쓸 때 심기가 불편했음이 분명하더군. 그리고 분명히 나도 똑같이 느끼기를 원했을 걸세. 어느 정도 나는 똑같은 감정을 느꼈네. 자네가 조금만 더 진지하게 생각했다면 우리가 테일러Taylor, 라이트Wright, 털리Turley와 같은 정적들에게 매수되었다는 말을 할 수 없었을 것이네. 그래서 심각하게 반론할 필요를 못 느끼네. 만약 이후에도 자네가 나를 '사소하게 친구를 배반할 수 있는 사람'이라고 믿는다면 분명히 맹세컨대 내 목숨을 내놓겠네.

자네의 비난에 하나하나 진지하게 답변하겠네. 먼저 아테네^{Athens}에 관해서 말하자면……

- 윌리엄 버틀러에게 쓴 편지(1839년 1월 26일)

링컨이 처음부터 자신의 강한 어조를 어떻게 구축하고 있는지 살펴보라. 그는 버틀러의 비난을 그대로 인정하지 않았다. 그는 자신의 기분이 상했음을 분명히 했으나, 냉정하게 자신의 결백을 주장했다. 그러고 나서 버틀러의 편지 내용에 하나하나 반박하며 설명하기 시작했다. 처음 문장을 읽은 후 링컨의 감정이 어떠했는지 유추하는 데 혼동을 주는 부분이 있는가? 당신이 동료와 대화할 때 저지르는 가장 나쁜 행동은 자신의 진짜 감정을 숨기려고 하는 것이다. 만약 동료가 말한 내용 중에 당신을 화나게 하는 부분이 있다면 그 사람에게 솔직히 말하라. 그리고 그 일을 바로잡는 데까지 나아가라. 그 일로 오후 내내 사무실에서 입을 내밀고 씰룩거리지 마라.

링컨이 보여주었듯이 자제심을 잃은 채 발끈하지 않고 불쾌함을 표현할 수 있는 방법이 있다. 그는 버틀러를 비난하는 대신에 다소 심술궂게 친구가 '심기가 불편한$^{ill-humor}$' 상태였다고 표현하는 정공법을 택했다. 또한 링컨은 자신의 주장을 명확히 밝힌 후에 자신의 무고함을 단언했다. 그는 문제에 빠져 우물쭈물 하지 않았다. 그는 재빨리 버틀러가 자신에게 한 비난에 대해 차근차근 설명하는 단계로 넘어갔고 아주 세세하게 그 상황에 대해 설명했다.

항상 준비된 상태에 있어야 한다

만약 당신이 무엇을 말하고 싶은지 또는 말할 필요가 있는지 모를 경우에는 어떻게 해야 할까? 어떤 종류의 메시지를 보내야 할지 모르기 때문에 명료함을 갖지 못할 수도 있다. 또는 답장을 요구하는 이메일을 받았지만 분명한 답변을 하는 데 어려움을 느낄지도 모른다. 이런 일은 항상 발생한다. 특히 직장상사가 업무상 골칫거리에 대한 생각을 물어보거나 고객이 느닷없이 전화해서 복잡하고 미묘한 문제에 대해 따지기도 한다.

종종 우리는 즉각적으로 반응해야 할 필요를 느낀다. 메일함에 새로 받은 이메일이 깜빡거리면서 신속한 답변을 재촉할 수도 있다. 만약 지금 답장을 보내지 않으면 그들은 내가 농땡이를 치거나 일하는 척하면서 웹서핑을 하고 있다고 생각할지도 모른다. 그것은 마치 긴장감 넘치는 퀴즈 쇼에서 10초 내에 답을 말해야 하는 상황과도 같다. 만약 시간을 너무 오래 끌다가 백만 달러를 딸 수 있는 기회를 놓친다면? 경쟁이 치열하고 속도가 돈보다 더 가치 있는 시대에서는 이런 순간들이 숱하게 생겨난다. 경쟁회사보다 더 빨리 답변을 제공하는 회사만이 최고의 자리를 차지할 수 있기 때문이다.

이 모든 것은 사실이다. 우리의 대응이 답변을 원하는 사람을 만족시켜야 한다는 전제가 붙긴 하지만 역시 빠른 일 처리가 중요하다. 예를 들어 고객의 요청에 의해 24시간 내에 신형 컴퓨터를 전달했을지라도 하드 드라이브와 CD-ROM 드라이브는 제대로 조립되어 있어야 한다. 물론 모니터 스크린에 기다란 스크래치가 나 있어도 안 된다. 비록 24시간 내에 컴퓨터를 고객에게 배달했지만 제품의 상태가 완전하지 않다면 고객을 만족시킬 수 없고 그것은 고물에 불과하다. 그러므로 무작정 마감 시간 맞추기에 급급하다면 가치 없는 상품과 서비스로 전락하고 만다.

커뮤니케이션에서도 마찬가지다. 만약 상사가 어떤 문제에 대해 "자네는 어떻게 생각하는가?"라고 질문하는 이메일을 보냈다고 하자. 상사는 즉각적인 답변을 원한다. 그리고 어쩌면 그는 매일 30달러를 절약하거나 하룻밤에 백만 달러를 버는 방법을 찾고 있는지도 모른다. 즉각적이고 만족스러운 답변을 기대하지만 대부분 그것은 실현 불가능하다.

인간은 걸어다니는 자판기가 아니다. 누군가가 우리의 도움을 필요로 한다고 해서 즉시 충고하거나 해답을 내놓을 수는 없다. 혹 그럴 경우 어설픈 충고가 되기 쉽다. 때때로 적합한 답변을 하기 위해서는 시간이 필요하다. 그래서 상사가 아침 9시에 이메일을 보내서 "존슨, 보고서와 관련해서 우리가 일을 어떻게 진행하고 있지?"라든가 "톰이 지금 막 아프다고 전화를 했고 캐롤은 출산 휴가 중이야. 우리의 프레젠테이션을 제때 마치기 위해서는 어떻게 해야 하지?" 하고 묻는다면 우리는 정말 어떻게 해야 할까?

이럴 때에는 즉각적으로 반응하면서 그들이 원하는 답은 추후에 주겠다고 해야 한다. "지금 제가 그 일을 처리하고 있습니다. 우리가 선택할 수 있는 사항을 논의하기 위해 오후에 회의하는 것이 좋겠습니다. 오후 2시는 어떠신가요?" "매우 심각한 상황임은 의심할 여지가 없군요. 다른 일은 제쳐두고 오전 내내 대안을 준비하고 선택 가능한 방법을 찾아보겠습니다. 오후 2시 이전에 결과물을 요약해서 이메일로 보내드리도록 하겠습니다." 얼마나 간단명료하면서도 신속한 반응인가? 그들을 기다리게 만들지 않고 대안을 준비 중임을 강조하면서 다소간의 여유를 가지고 생각도 모을 수 있다. 그들의 질문에 신속히 답변해야 한다는 압박감에 구체적이지도 않고 효용도 없어 보이는 유치한 수준의 답변을 보내서는 안 된다.

19세기 방식으로 글을 써라

물론 링컨과 동시대 사람들은 신속한 답변에 대해 걱정할 필요가 없었다. 그 시대에는 오늘날의 신속한 물류 네트워크 수준과 비교해볼 때 나라 전체가 달팽이처럼 느린 속도로 움직였으니까. 만약 화요일에 편지를 받았다면 당장 답변을 쓰든지 하루나 며칠쯤 기다리든지 별 문제가 되지 않았다. 어떻게 하든 답장이 우편 열차나 파발마^(horseback)로 목적지까지 도달하는 데는 며칠 이상이 걸렸으니 말이다. 아주 긴박한 상황을 제외하고는 아무도 즉각적인 답신을 기대하지 않았을 것이다.

시간의 압박 없이 편지를 썼던 사람들은 여유를 가지고 자신이 말하고자 하는 바를 생각할 수 있었다. 얼마나 바람직한 상황인가? 링컨은 항상 자신의 단어를 조심스럽게 선택했다. 그는 자신이 말하고자 하는 내용뿐만 아니라 어떤 방식으로 또 어떤 순서로 말할지 오랫동안 고민했다. 많은 사람들이 간과하고 있지만 구성과 형식은 내용만큼이나 중요하다.

링컨이 자신의 글에 사용하는 단어를 선택하는 데 매우 신중했던 또 다른 이유는 오늘날의 우리 사회보다 이해관계가 훨씬 컸기 때문이다. 대통령으로서 링컨은 종종 국가 전체의 보안과 번영에 직결되는 문제에 대해 의사를 전달해야 했다. 남북전쟁만큼 대통령의 말 한 마디가 중요했던 시기는 없었다. 일말의 실수나 애매모호함은 허락될 수 없었다. 링컨은 전투 중인 지휘관이 정확하게 자신이 말하는 바를 이해하고 정치적 또는 군사적 문제에 있어 자신의 입장을 이해시켜야 했다. 만약 링컨이 자신의 입장을 명확하게 이해시킬 수 없었었다면 결과는 매우 끔찍했을 것이다. 편지를 받은 사람이 손쉽게 전화로 "이봐, 링컨. 세 번째 문단에서 당신이 쓴 글자가 '시민전쟁civil war' 인지 아니면 '어리석은 전쟁silly war' 인지 알아볼 수가 없는데?"라고 물어볼 수 없지 않은가.

이것이 바로 그 당시 지도자들이 글쓰기 기술에 엄청난 노력을 기울인 이유였다. 다시 쓰고 고치기란 없었다. 그들의 접근 방식은 "당장 답변을 보내야 해"가 아니라 "한 번에 이 일을 올바르고 완벽하게 처리해야 해"였다. 중요한 메모나 이메일을 써야 할 필요가 있을 때 마음속에 비슷한 접근방식을 선택하라. 그렇다고 온 지구의 무게가 당신의 어깨를 짓누르고 있는 것처럼 행동할 필요는 없다. 하지만 명확성clarity에 가치를 두어야 한다. 글과 진술이 명확하며 절실한가? 애매모호함과 오역의 빌미는 없는가? 분별 있는 사람이 이 글을 읽고 자신이 의도한 것과 다르게 이해할 가능성이 있는가? 문장들을 하나하나 조사해보라. 단어를 꼼꼼히 보고 재차 확인하고 또 확인하라. 당신은 한 번에 완벽하게 끝내는 신이 아니다.

비즈니스 환경에서 당신이 이메일을 보내고 난 후 받을 수 있는 가장 최악의 반응은 "노(No)" 또는 "당신은 틀렸어"가 아니라 "무슨 말이야?"이다. 상사가 의견을 물어본 뒤 당신이 의미하는 바가 무엇인지 이해하기 위해 통역관이 필요하지 않도록 확실히 하라. 충분히 숙고한 답변을 준비하느라 몇 시간을 보내는 것이 하릴없이 시간을 보내는 것보다 현명하다.

아직 '보내기' 버튼을 누를 때가 아니다

멋진 라이브 공연을 본 마지막 순간을 떠올려보라. 클래식 음악 콘서트일 수도 있고 브로드웨이 뮤지컬이나 몇 번째인지 모르는 롤링스톤의 월드 투어 공연일 수도 있다. 음악은 최고 수준이었으며 무대장치와 조명, 음향설비들도 빈틈없이 완벽했다. 당신은 아주 만족해하며 공연장을 떠났다. 그런데 공연을 즐기는 동안 그 한순간을 위해 몇 달 동안 준비했던 수많은 리허설에 대해 생각해본 적이 있는가? 아마도 없을 것이다. 수많은 노력과 준비를 당연하게 받아들이지는 않았는가? 그 공연은 어느 날 밤 갑자기 완성된 것이 아니라 공연을 하기로 결정한 순간부터 수없이 많은 시행착오를 거치면서 조금씩 다듬어진 것이다.

중요한 비즈니스 커뮤니케이션도 이 같은 방식으로 생각할 필요가 있다. 세련되고 효과적인 링컨의 편지들은 교과서와 같다. 하지만 링컨이 그런 기술을 처음부터 가지고 있었다고 생각하면 오산이다. 우리가 보고 있는 링컨의 편지들은 수많은 고민과 연구 끝에 탄생한 무결점의 완성품인 셈이다. 관객의 기립박수를 받는 연극이나 콘서트, 뮤지컬처럼 링컨의 훌륭한 편지들도 구성과 내용, 어조가 자신이 전달하고자 하는 바에 적합한지 수없이 검토한 뒤 완성된 것임을 알아야 한다. 최종 결과물이 처음부터 격조 있고 세련됐던 것은 아니다.

다음 우화는 연습과 준비의 중요성을 일깨워준다.

어느 황제의 아내가 죽은 지 얼마 안 되어 황제는 그 나라에서 가장 유명한 화가에게 죽은 아내의 초상화를 그리도록 시켰다. 그는 자주 보초병을 보내어 얼마만큼 그림이 완성되었는지 확인하도록 했으나 보초병이 물어볼 때마다 화가는 "아직 아닙니다. 아직 아닙니다"를 되풀이했다. 마침내 몇 달을 기다리고 난 후 황제는 자신이 직접 보초병들과 함께 화가의 집을 방문했다. 그는 화가에게 초상화를 당장 완성하지 않으면 죽이겠다고 위협했다. 화가는 한숨을 쉬면서 붓을 들더니 별 힘을 들이지 않고도 손쉽게 황제의 죽은 아내와 놀랄 만큼 똑같은 초상화를 그려냈다. 그림이 완성되었을 때 황제는 깜짝 놀라서 당황하며 말했다.

"이렇게 당장 멋진 작품을 그릴 수 있는데도 불구하고 왜 당신은 나를 그렇게 오래 기다리게 만들고 또 당신 목숨마저 위태롭게 했는가?" 황제가 물었다. 화가는 고개를 좌우로 흔들며 말했다. "저는 어제까지는 그렇게 그릴 수가 없었을 것입니다." 그리고 닫힌 방문을 가리켰다. 황제가 문을 열어보니 화가의 작업실로 보이는 작은 방안에는 황제의 아내를 그린 수백 장의 스케치와 습작들로 가득했다. 그녀의 눈, 귀, 코 등 얼굴의 각 측면들이 세세하게 그려져 있었다. 황제는 그렇게 쉽게 초상화를 그리기 위해서 화가가 몇 달 동안 밤낮으로 연습했다는 사실을 그제야 깨달았다. 그는 화가에게 깊이 고개를 숙여 인사하고 만족스럽게 그 그림을 가지고 돌아갔다.

이 이야기는 모든 이메일을 마치 단편소설이나 시를 쓰듯 다루어야 한다고 말하려는 것이 아니다. 또 누군가가 점심에

샌드위치를 먹으러 가겠느냐고 물어볼 때 몇 시간에 걸쳐 심혈을 기울여 가장 완벽한 답을 하라는 이야기도 아니다. 하지만 조급하게 굴다가 망치는 것보다 링컨의 편지들이 보여주는 것처럼 생각을 순서대로 정리하기 위해 시간을 보내는 것이 당신을 더 나은 사람으로 만든다면? 그렇게 해야만 어떤 문제에 대해 감정적으로 반응하는 잘못을 피할 수 있다. 상처받은 감정과 자아 또는 상사의 꾸짖음, 동료를 비난하는 일이 전체 팀원들의 성과에 영향을 미친다는 것은 명백한 사실이다.

그렇다면 중요한 이메일을 받고 어떻게 반응해야 할지 모를 때 최선의 방법은 무엇일까? 처음에 답변을 위한 대충의 초안을 작성하겠다고 결심하거나 적어도 '보내기' 버튼을 클릭하기 전에 자신의 글이 질문의 요점에 명확하고 효과적으로 답하고 있는지 검토하는 습관을 들여라.

생각을 정리하는 데는 특별한 비법이 없고, 모든 경우에 다 들어맞는 완벽한 방식도 없다. 상황과 대상에 따라 방식이 모두 다르다. 하지만 누군가 그것을 볼까봐 두려워하지 말고 초안을 작성해보라. 이는 마음을 자유롭게 만들어주고, 진짜로

하고 싶은 말이 무엇인지 그리고 어떤 방식으로 그것을 말하고 싶은지에 대해서 영감을 줄 것이다. 화가 나거나 스트레스를 받는 경우 그런 감정들은 글 속에 투영된다. 솔직한 감정은 속일 수 없다. 만약 어떤 일 때문에 화가 극도로 치밀어 오른 상태라면 분노를 담고 있는 단어들이 자신도 모르게 컴퓨터 화면을 가득 채울 것이다. 그것들을 찾아 분리수거 하듯 없애버려라. 그것은 당신의 옷이 아닌 세탁물을 세탁기에 넣기 전 구분하는 것과 같다. 계속 그것들이 나타나면 자신에게 이메일을 써서 스스로 모든 욕구불만과 격한 감정들을 분출하라. 욕하기와 비난하기를 당신의 뇌에서 사라지게 하라. 그 일을 다 하고 나면 이메일을 삭제하고 당신의 업무로 돌아가라.

자신의 글에서 부정적인 감정을 솎아내는 것은 정원에 있는 잡초를 제거하는 것과 같다. 그것은 힘든 일이지만 만약 화초들이 잘 자라기를 원한다면 꼭 해야만 하는 일이다. 잡초들이 제거되면 꽃을 훨씬 더 쉽고 확실하게 볼 수 있다! 마찬가지로 무의식중에 표현되는 분노, 스트레스, 두려움을 자신의 글에서 제거한다면 그 글을 읽는 사람은 논리적인 사유와 객관적인 사실들을 더 명확히 볼 수 있다. 무엇인가 중요한 할 말이 있다면 감정적인 언어가 그것을 가리도록 방치하지 마라.

커뮤니케이션 과잉의 시대는 함정이다

터무니없는 운명의 장난으로 하루에 보낼 수 있는 이메일이나 인터넷 메신저 사용 횟수를 다섯 번으로 제한하는 과격한 법이 정부에 의해 시행된다면 어떤 일이 일어날지 생각해본 적이 있는가? 물론 그런 일은 결코 일어나지 않을 것이다. 하지만 잠시 그렇게 가정해보자. 당신이라면 어떻게 하겠는가?

두말할 것도 없이 이메일이나 메신저를 쓰기 전에 매우 신중하게 생각해야만 한다. "어떻게 지내?"라는 안부 인사도 "야, 어젯밤 그 텔레비전 쇼 봤어?"라는 말도 없을 것이다. 아마도 많은 사람들이 취소 버튼을 수없이 누르기 시작할 것이다. 현대인은 원하기만 한다면 언제 어디서든지 커뮤니케이션 할 수 있는 상황에 익숙해져 있다. 대부분의 통신 회사들이 저렴하게 혹은 무료로 문자 메시지 서비스를 제공하다 보니 하루에도 수십 개의 문자 메시지를 주고받곤 한다. 또 하루에 이메일을 한 건 혹은 수십 건을 보내든 상관없이 특별한 요금을 물지 않고 메신저도 마찬가지다.

이로 인해 '키보드 수다keyboard diarrhea'라 불리는 현상이 나타났다. 보낼 수 있는 전자 메시지의 양에 실질적인 제한이나 벌칙이 없기 때문에 수백 건의 메시지와 다양한 포맷으로 만들어진 정보들이 인터넷에 넘쳐난다. 머릿속에 떠오르는 생각들을, 때로는 생각을 갖기도 전에 이메일과 휴대폰으로 메시지를 보내고 블로그와 메신저에 접속해 글을 올린다. 인류 역사상 이처럼 커뮤니케이션이 용이해지고 넘쳐난 적은 일찍이 없었다. 전화와 인터넷을 통해 현재와 같은 커뮤니케이션 과잉의 시대가 도래한 것이다.

되돌아보면 이것은 과학과 문명의 훌륭한 성과물이다. 하지만 거기에는 결코 무시하지 못할 부정적 영향들도 있다. 논점을 구축하고 생각을 일목요연하게 구성하는 커뮤니케이션의 진정한 기술을 세대가 지나갈수록 천천히 그러나 확실히 잊어버리고 있다는 것이다. 대신에 미처 다듬어지지 않은 생각의 파편들이 휴대폰과 컴퓨터를 통해 세상에 넘쳐나기 시작했다.

링컨과 그 동시대인들은 물론 이와는 매우 다른 환경에서 살았다. 편지 쓰기와 같은 커뮤니케이션 방식은 시간이 오래

걸리며 매우 수고로운 과정의 연속이었다. 깃대를 잉크병에 적시고, 혹 글씨가 틀리기라도 하면 잉크가 마르기 전에 그 글씨를 긁어내는 과정들이 되풀이되었다. 한 사람이 책상에 앉아 단숨에 몇 십장의 편지와 메모를 써내려가는 일도, 그럴 만한 시간도 없었다. 당신이 그 시절 시골에 살았다면 가장 가까운 포목점이나 잡화상조차 몇 마일 씩 말을 타고 가야 하는 수고로움을 겪어야 했다. 그것도 운이 좋은 경우에만 말이다.

이것은 잉크나 종이가 바닥나지 않도록 유의해서 사용해야 했음을 의미한다. 이런 제한 때문에 사람들은 편지를 쓰기 전에 무엇을 말해야 하는지 긴 고민의 시간을 거쳐야 했다. 두서없이 편지를 쓰는 것은 선택 사항이 아니었다. 너무 많은 수고와 번거로움을 거쳐야 했기 때문에 편지 쓰기를 매우 중요하고 신중한 작업으로 여겼다. 단순히 시간을 보내거나 멀리 떨어진 친구들과 수다를 떠는 수단으로 생각하지 않았다.

그렇다면 이러한 것들이 사무실에서 보내는 이메일과 무슨 관계가 있는가? 동료가, 때로는 상사가 무의미하거나 목적이 불분명한 이메일을 매일 보낸다. 오후 회의에 참석한 뒤 자리로 돌아오면 그새 수십 건의 새로운 메시지가 모니터를 가득 채우고 있을 것이다. 그것들 중에는 원래 내용을 조금 수정해 다시 보낸 이메일, 혹시나 하여 중복 발송된 메시지도 포함되어 있다. 얼마나 웃기는 일인가? 또는 이메일을 읽고 난 후 별 생각도 하지 않고 몇초 만에 즉각적으로 답장을 보내고 있는 자신을 발견한 적도 있을 것이다. 이것은 마치 누가 '답장' 버튼을 가장 먼저 누르는지 내기하고 있는 것처럼 보인다.

만일 직장에서 커뮤니케이션 방식을 개선하고 싶다면 19세기 태도를 받아들이도록 고민하라. 19세기 사람들이 서신을 작성한 것과 같은 태도로 이메일을 대하라. 10초 만에 메시지를 보낼 수 있다는 사실이 꼭 그렇게 해야 한다는 것을 의미하지 않는다. 이메일을 대할 때 충분히 심사숙고하여 적절히 판단하라. 생각을 정리하고 여러 개의 작은 메시지를 하나의 이메일로 잘 묶기 위해 시간을 가져라. 그러면 수신자는 매우 고마워할 것이다. 또 누가 알겠는가? 당신의 효율성이 본보기가 되어 상대방도 더 명확하고 효율적인 이메일을 쓰게 될지 말이다.

링컨의 생애에 대한
짧은 기록

1809년 2월 12일, 미국 켄터키주 하젠빌에서 개척 농부인 아버지 토머스 링컨(1778년생)과 어머니 낸시 행크스(1784년생) 사이에서 태어났다. 링컨보다 먼저 태어난 누나 새러(1807년생)가 있다.

1816년 12월, 링컨 가족은 소송에 휘말려 결국 켄터키를 떠나 인디애나주에 정착하게 된다. 1818년 9월에 어머니가 갑작스럽게 질병으로 사망하고 이듬해 아버지는 재혼을 한다. 1822년 이후 몇 년 간 이주 교사가 인근 마을에 개설한 학교에서 3개월 남짓 읽기와 쓰기를 배우지만 그 이상의 공교육은 받지 못했다. 혼자서 영문법을 깨치고 독학으로 《킹 제임스 성서》나 《미국 역사》, 세익스피어의 작품 등을 읽으며 배움에 대한 열망을 채워갔다.

1828년부터 2년여 동안 나룻배를 운영하던 제임스 테일러 밑에서 조수로 일을 시작했다. 주로 농산물을 옮기는 일이었고 그 이후로 여러 상점을 전전하며 일을 배운다. 1830년 3월에는 일리노이 주 메이슨 카운티로 이주하고 그해 여름 우연찮게 주의회 선거 유세장에서 처음으로 즉흥 연설을 하게 된다.

1832년 4월, 블랙호크 전쟁 때 일리노이주 지원군에 입대해 중대장에 뽑힌다. 제대 후에는 병사로 재입대해 군생활을 계속 하기도 했다. 그해 8월 주의회 선거에서 패배하고 지인과 동업으로 잡화상을 운영했으나 빚만 안고 파산했다.

1833년, 뉴세일럼 우체국장 일과 생거먼 카운티의 측량기사 조수 일을 하면서 극심한 생활고는 면한 그는 1834년 8월, 일리노이 주의원에 휘그당으로 당선된다. 마침내 12월 1일, 일리노이 주의회에서 정치가로서 첫걸음을 떼고 변호사가 되기로 결심하여 법률 공부를 시작한다. 그러나 1835년 링컨이 사랑하던 여인이 전염병으로 사망하여 한동안 깊은 절망에 빠진다.

1837년 3월, 변호사 자격증을 얻고 일리노이 주의원에 4선 경력을 쌓게 된다. 주의원 시절 철도와 고속도로, 운하 등 대규모 건설을 계획했으나 경기 침체 때문에 무산된다. 1842년, 메리 토드와 결혼하고 이듬해 장남 로버트 토드 링컨이 태어난다.

1856년, 노예제 금지를 주장하는 공화당 조직운동에 주도적으로 참여해 지도자로서의 입지를 굳혀간다. 이어서 1858년 6월, 공화당 전당대회에서 상원의원 후보로 지명된다. 7월, 스티븐 더글러스에게 정치 토론을 제의해 7차례에 걸친 '링컨-더글러스 대논쟁'이 벌어지는데, 링컨은 헌법이 백인과 흑인 모두에게 권리를 주고 있으니 연방정부가 분열돼선 안 된다고 주장한다. 반면 더글러스는 헌법이 권리를 주는 대상은 백인뿐이며 각 주의 일은 독자적으로 일을 처리해야 한다고 맞섰다. 이 대논쟁을 통해 링컨은 전국적 지명도를 갖춘 인물로 떠오른다.

1860년 2월, 뉴욕시 쿠퍼 유니언에서 노예제를 주제로 연설하였고, 5월 공화당 전당대회에서 대통령 후보로 지명된다. 그리고 11월 선거에서 미국의 16대 대통령으로 당선된다. 1861년, 16대 대통령으로 취임하지만 연방정부에서 탈퇴한 남부연합이 링컨의 대통령 취임은 무효라고 반발한다. 7월 4일, 의회에서 국민의 정부,

연방정부를 사수해야 한다는 연설을 하고 곧 이어 조지 맥클렐런 장군을 연방군 총사령관 겸 포토맥 군단 사령관에 임명한다.

1862년 1월 1일, '일반 전시명령 제1호'를 발표하여 남부연합의 수도 리치먼드 공격 태세를 갖춘다. 국방장관 사이먼 캐머런을 경질하고 에드윈 스탠턴을 임명한다. 3월 11일, 맥클렐런 장군을 연방군 총사령관에서 해임하고 실질적으로 작전 지휘를 맡는다. 7월 11일, 할렉 장군을 연방군 총사령관에 임명한다. 그리고 동시에 30만 명의 지원병 모집을 시작한다.

1863년 1월, 연방정부에 반기를 든 주에 거주하는 모든 노예에게 영원한 자유를 보장한다는 내용을 담은 노예해방 선언문을 발표한다. 3월에는 징병제를 실시하고 흑인 입대도 허용한다. 11월 게티즈버그 전투 희생자 묘지 봉헌석에 참석하여 연설을 한다.

1864년 3월, 그랜트 장군을 연방군 총사령관에 임명한다. 6월 국민통합당 대통령 후보로 선출되고 11월 선거에서 재선된다. 1865년 3월, 대통령으로 재취임한다. 4월 14일 워싱턴 포드 극장에서 피격당해 다음날 사망한다.

지은이

데이빗 어코드 David Acord

데이빗 어코드는 10년 넘게 전문 저널리스트와 칼럼니스트로 활동했다. 현재는 비즈니스 전문 출판사의 편집장이다. 그는 대학에서 미술학을 전공했고 예술학 석사 학위를 받았지만 링컨의 열성적인 지지자로서 링컨에 대한 연구로 젊은 시절을 보냈다. 링컨이 주고받은 수백 통의 편지야말로 현대인들이 깊이 새겨야 할 지혜의 보고라고 생각했다. 그는 이 책에서 링컨이야 말로 설득의 대가, 합리적이고 냉철한 문제해결력의 소유자, 빈틈없는 커뮤니케이터로서 현대인의 존경을 받아 마땅하다고 말하고 있다.

옮긴이

김정남

연세대학교 국제학대학원(Yonsei GSIS)에서 지역학과 국제통상으로 국제학 석사학위를 받았다. 국민연금공단에서 영문에디터로 근무했으며 현재는 법무법인 율촌에서 패러리걸팀 과장으로 법률문서 번역을 담당하고 있다.

김욱영

연세대학교 일반대학원 신문방송학과 박사과정을 수료하고, 현재 연세대학교 사회과학연구소 연구원 및 언론홍보영상학부 강사로 활동 중이다.